Der Kunst-Ratgeber

Kreative Kindermalschule

Alle meine Tiere

Ute Ludwigsen-Kaiser

Der Kunst-Ratgeber

Kreative Kindermalschule

Alle meine Tiere

ENGLISCH VERLAG

Die Deutsche Bibliothek – CIP-Einheitsaufnahme
Kreative Kindermalschule – alle meine Tiere /
Ute Ludwigsen-Kaiser. – Wiesbaden: Englisch, 2002
(Der Kunst-Ratgeber)
ISBN 3-8241-1146-2

ISBN 3-8241-1146-2

Fotos: Frank Schuppelius
Herstellung: Michael Feuerer
Printed in Spain

Ute Ludwigsen-Kaiser war langjährige Dozentin für naturalistisches Zeichnen, Aquarell- und Pastellmalerei an der Volkshochschule.
Seit 10 Jahren unterrichtet sie an ihrer privaten Malschule Kinder im Zeichnen und Malen.

Inhaltsverzeichnis

Vorwort

Du willst lernen wie man Tiere zeichnet oder malt? Das finde ich toll!

Sicher hast du schon oft versucht, Tiere zu zeichnen, und bestimmt hast du dieselben Erfahrungen gemacht, wie meine Malschulkinder: Irgend etwas war immer zu groß oder zu klein, zu lang oder zu kurz. Das Tier, das du zeichnen wolltest, sieht eigentlich ganz anders aus! In diesem Buch werden der kleine Hamster und ich dir zeigen, wie's geht.

Wir werden uns mit Haustieren beschäftigen, wir werden einen Bauernhof besuchen und in den Zoo gehen. Natürlich können wir dir nicht alle Tiere zeigen, die es gibt, und bestimmt fragst du dich: Wo sind Tiger und Löwen, Vögel und Schlangen, und warum gehen wir nicht in den Wald?

Aber du kannst, nachdem du dieses Buch sorgfältig durchgearbeitet hast, diese Tiere alleine zeichnen, denn alles, was du hier lernst, lässt sich auch auf andere Tiere anwenden.

Um dieses Ziel zu erreichen, ist es ganz wichtig, dass du auch die ersten Kapitel dieses Buches liest, denn hier geht es um Grundlagen und Hilfen, die dir beim Zeichnen nützlich sein werden. Besonders das zweite Kapitel über Größen und Maße und ihr Verhältnis zueinander sei dir ganz besonders ans Herz gelegt. Wenn du dieses Kapitel verstehst, wirst du mit dem Rest des Buches keine Probleme mehr haben.

Ich wünsche dir jetzt viel Erfolg und genauso viel Spaß beim Zeichnen und Malen der Bilder, wie der kleine Hamster und ich ihn hatten!

Deine Ute Ludwigsen-Kaiser

Alles über Grundformen und Hilfslinien

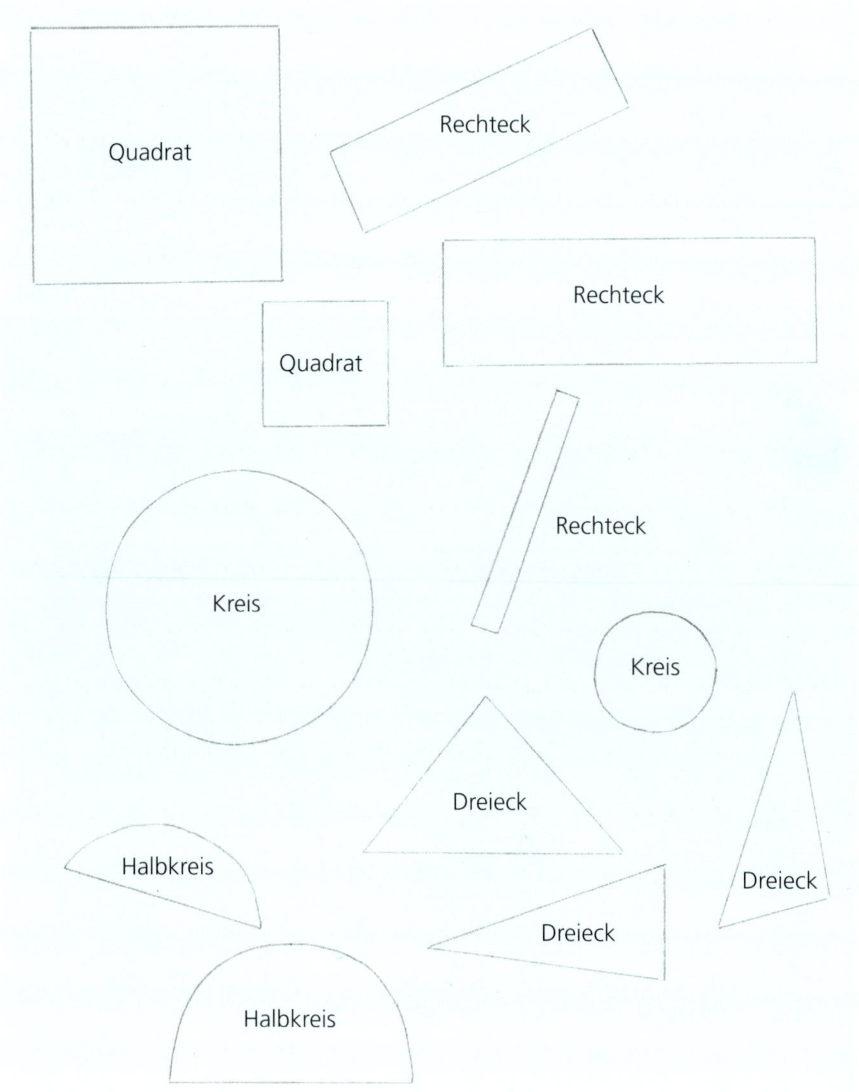

Sieh dir das Bild an. Das sind **Grundformen** in verschiedenen Größen. Diese Formen, Quadrate, Rechtecke, Dreiecke, Kreise und Halbkreise werden dir im Laufe dieses Buches immer wieder begegnen. Es kann nicht schaden, wenn du sie ein wenig übst. Die Grundformen werden dir beim Zeichnen helfen. Ich gebe dir jetzt ein einfaches Beispiel:

Versuche einmal, einen kreisrunden Ball ohne Hilfsmittel zu zeichnen.

Sieht er so aus?

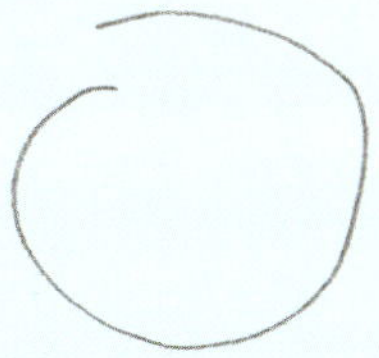

oder so?

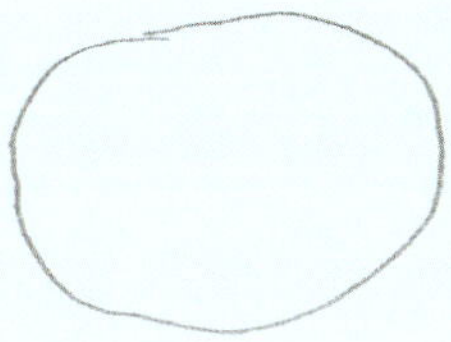

Überlege, in welche **Grundform** ein Ball hinein passen könnte, sodass er sie fast ganz ausfüllt.
Richtig! In ein **Quadrat**.
Also zeichnest du eins …

Es ist aber immer noch nicht so einfach, da einen Ball hinein zu zeichnen. Wir brauchen also noch mehr Hilfen. Deshalb ziehst du durch dieses Quadrat zwei Linien, jeweils von der einen Ecke zur gegenüberliegenden. Eine solche Linie nennt man eine **Diagonale**.

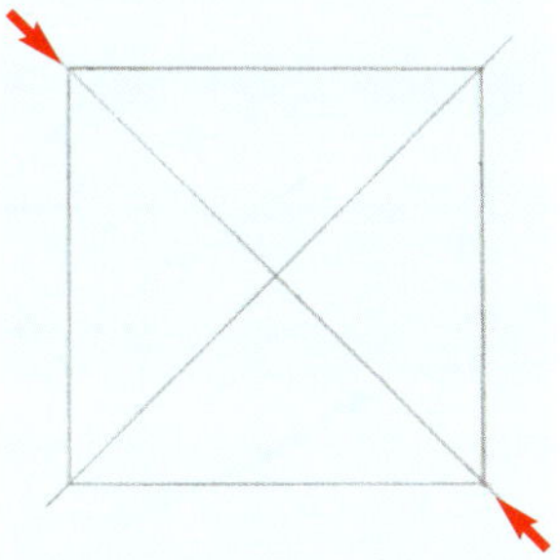

Ziehst du jetzt eine senkrechte und eine waagerechte Linie durch den Punkt, wo sich die Diagonalen schneiden, findest du, ohne es ausgemessen zu haben, die **obere**, die **untere** und die **seitliche** Mitte.

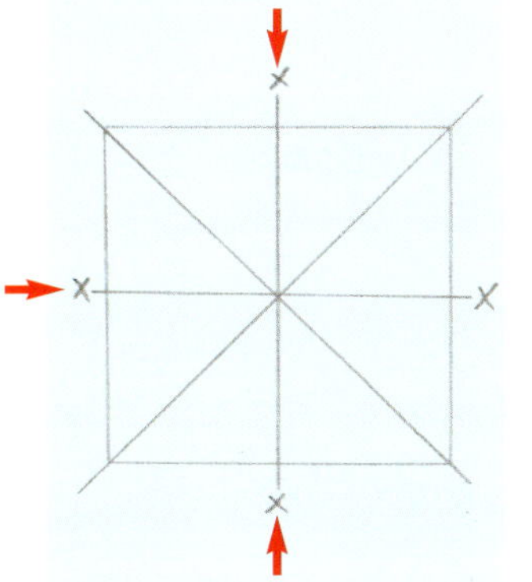

Verbinde die Punkte sorgfältig und achte darauf, dass dein Ball das Quadrat nur an diesen vier Stellen berührt.

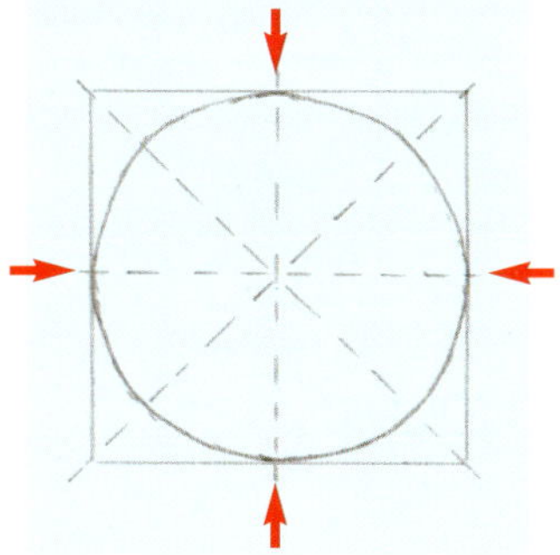

Und schon hast du einen runden Ball gezeichnet!

Ich gebe dir noch ein zweites Beispiel: Ein Ei! In welche Grundform passt es? Auch in ein Quadrat? Das kann nicht sein, da ein Ei nicht so rund ist wie ein Kreis. Es muss also eine Grundform geben, die flacher oder länger als ein Quadrat ist – es ist ein Rechteck! … und das zeichnest du jetzt.

Anschließend ziehst du die Diagonalen …

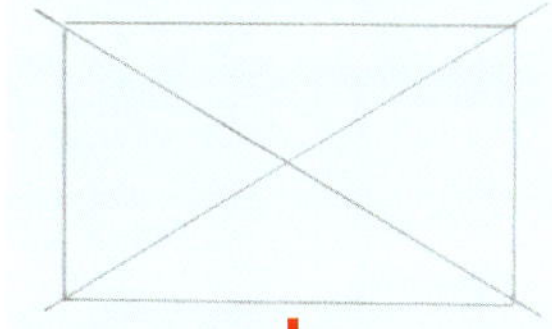

… und die senkrechte und waagerechte Linie durch die Mitte.

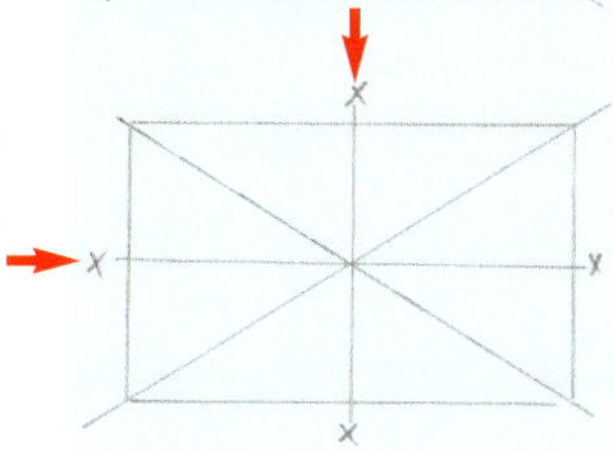

Dadurch findest du die seitlichen Mittelpunkte, die sorgfältig miteinander verbunden werden, und dein Ei ist fertig!

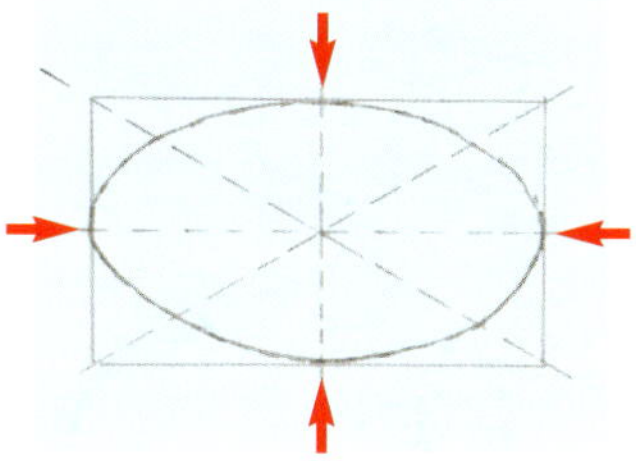

*Fragst du dich, warum ich dir dies so ausführlich erklärt habe? Ganz einfach: Ich werde dir in diesem Buch zeigen, wie du **mit Hilfe dieser Grundformen Tiere zeichnen und malen** kannst.*

Und jetzt du!
Zeichne einen Kreis in ein Quadrat. Und dann zeichne in ein ganz schmales Rechteck, halb so groß, wie du es eben in dem Beispiel gesehen hast, ein Oval.

Alles über Maße und Größen

In diesem Kapitel lernst du:
- *was Proportionen sind*
- *wie man Größenverhältnisse richtig darstellt*

Kennst du das Problem: Du möchtest ein Tier zeichnen, beginnst mit Begeisterung und stellst ganz schnell fest – es sieht anders aus, als du es dir vorgestellt hast! Entweder ist der Kopf zu groß, oder (und) die Beine sind zu lang oder umgekehrt.

Ich zeige dir jetzt einige Tierzeichnungen, die Kinder gemacht haben. Du wirst manches entdecken, was du selbst schon so oder ähnlich gezeichnet hast:

Ich brauche dir sicher nicht zu sagen, dass es vier Pferde und eine Katze sind – das kann man sehen – aber bei jeder Zeichnung stimmt etwas nicht. Beim ersten Pferd ist der Körper zu lang, die Beine sind zu kurz, der Kopf ist zu klein.
Das zweite Pferd hat einen zu kleinen Kopf und zu kurze Beine; beim dritten und vierten stimmen Kopf und Körper, aber die Beine sind nicht lang genug; dagegen sind die Beine der Katze zu lang.
Du hast sicher gemerkt, es geht immer um dasselbe: zu kurz, zu lang, zu groß, zu klein. Die Größenverhältnisse zwischen den einzelnen Körperteilen müssen stimmen – und das nennt man **Proportionen**!

Und nun kommen wir wieder zu unseren **Grundformen**: Überlege dir **vor** dem Zeichnen, in welche Grundformen das Tier passen könnte, dann wird es dir leichter fallen, die richtigen Größenverhältnisse zu finden.

Du zeichnest seine Grundform und legst damit fest, wie groß der Kopf werden soll. Die Größe des Kopfes ist jetzt das Maß, mit dem ich die Höhe und Breite aller anderen Körperteile bestimmen kann.
Wie man das macht, zeige ich dir an einem Beispiel:
Du möchtest eine sitzende Katze zeichnen.

Um herauszufinden, welche Grundformen in dieser Katze versteckt sind, stelle sie dir ohne Fell vor. Nun wird das Bild schon etwas klarer.

Denk dir noch die Ohren weg und schon erkennst du, dass die Grundform für den Kopf ein Kreis ist. Der rote gestrichelte Pfeil zeigt die Größe an.

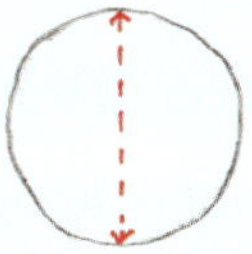

Die Grundform für den Körper ist ein Oval. Um die richtige Größe dieses Ovals herauszufinden, musst du dir jetzt die Frage stellen: Wie oft passt der Kopf in die Höhe des Körpers?

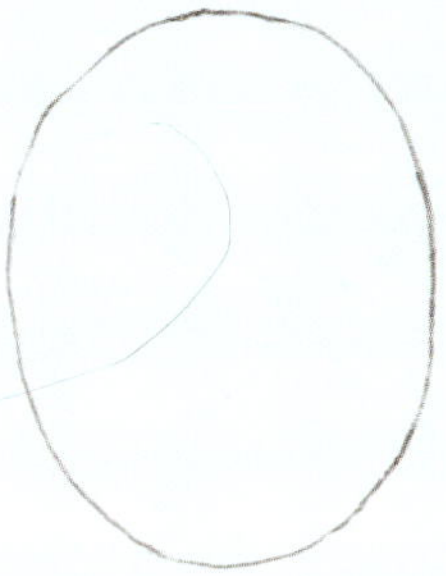

Die Antwort auf diese Frage findest du auch ohne Lineal! Nimm ein Blatt Papier und lege die Kante an die rote Linie innerhalb des Kopfes. Mit einem Bleistift markierst du Anfang und Ende dieser Linie auf deinem Blatt Papier. Jetzt hast du ein Maß für die Größe des Kopfes.
Dieses Maß nimmst du und probierst, wie oft es in den Körper der Katze passt. Im Bildbeispiel siehst du, er passt etwas mehr als zweimal in den Körper.

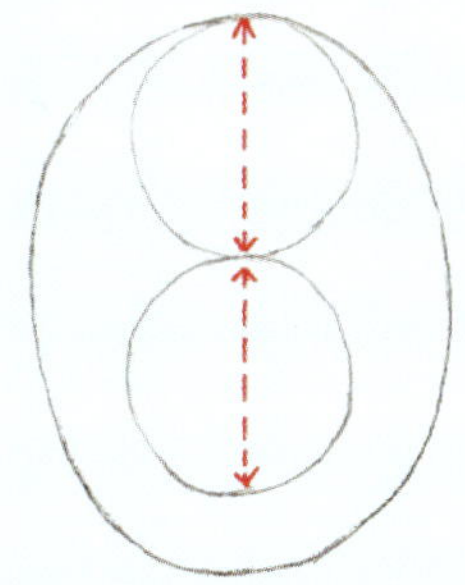

Nun müssen wir noch die Breite des Ovals herausfinden. Auch hier nehmen wir wieder die Größe des Kopfes als Maß. Er passt einmal ganz hinein und beim zweitenmal fehlt ein kleines Stückchen.

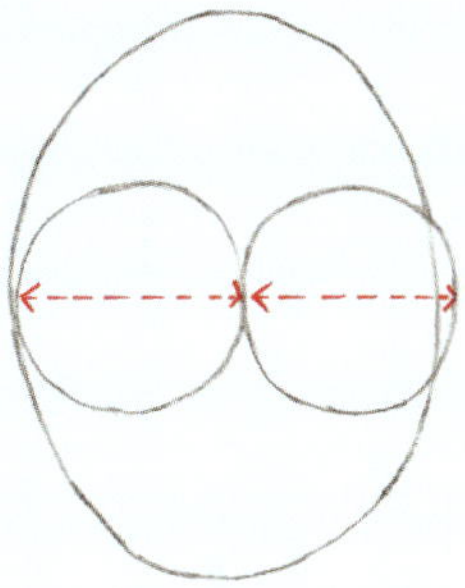

Jetzt sieh dir das Bild noch einmal an: Es scheint, als hätte die Katze den Kopf zwischen die Schultern gezogen – das musst du bedenken, wenn du die Grundformen für Kopf und Körper miteinander verbindest. Sie überschneiden sich.

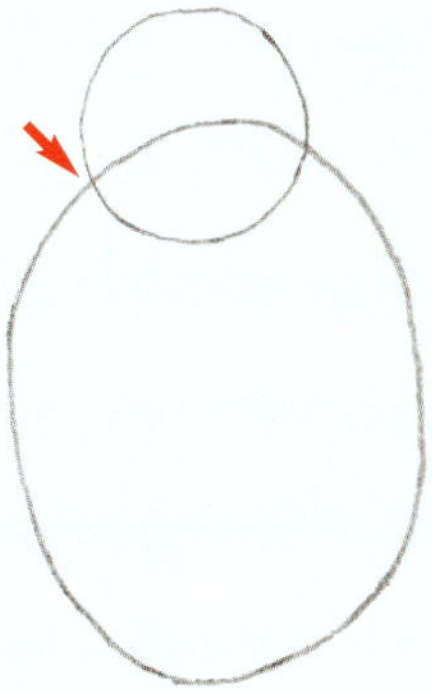

Das wichtigste Problem, das richtige Größenverhältnis von Kopf und Körper, haben wir somit gelöst.

Alles über Formen

*In diesem Kapitel lernst du,
wie man mit der Unterstützung von Hilfslinien
Formen richtig zeichnet.*

Wie du bestimmt schon bemerkt hast, helfen dir die Grundformen beim Zeichnen. Sie helfen dir aber nicht nur, die richtigen Größenverhältnisse zu finden. Genauso wichtig ist auch die richtige Form.

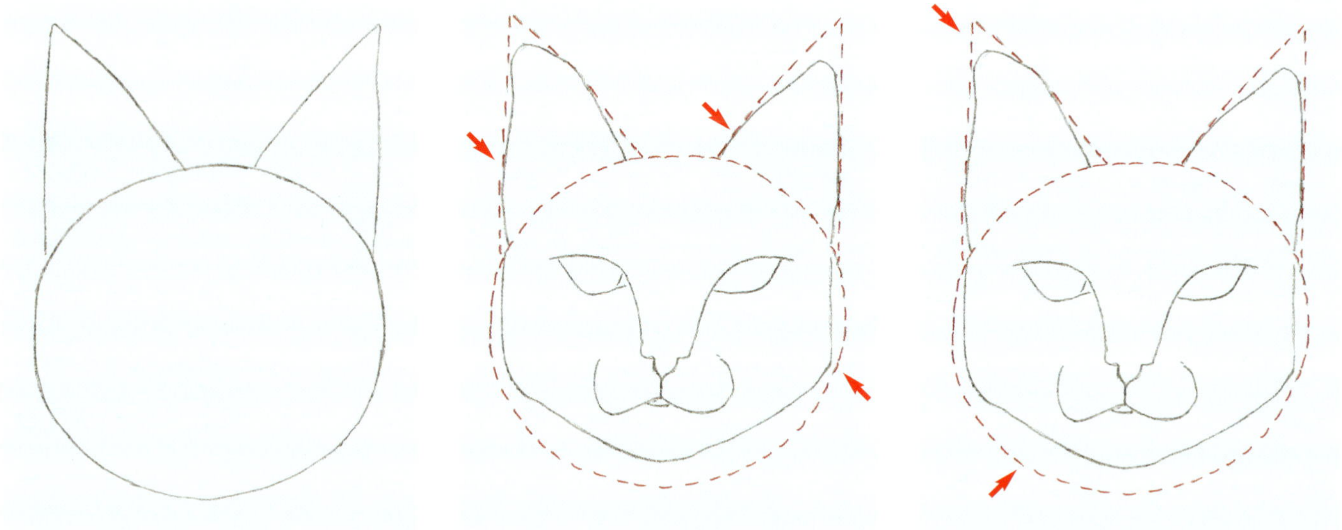

Beispiel: Ein Katzenkopf.
Die Grundformen sind zwei Dreiecke für die Ohren und ein Kreis für den Kopf.

Um jetzt einen Katzenkopf in die Grundformen zeichnen zu können, musst du überlegen, an welchen Stellen die Linien des Katzenkopfes die Hilfslinien der Grundformen berühren.

Genauso wichtig ist es jedoch auch, dass du erkennst, **wo** und **wie** sich die neuen Linien von den Hilfslinien entfernen. Damit du dies besser erkennen kannst, sind die Hilfslinien in diesem Buch immer rot gezeichnet.

Alles über Licht und Schatten

In diesem Kapitel lernst du:
- *wie man Licht und Schatten malt*
- *wie ein Gegenstand durch Licht und Schatten seine räumliche Form bekommt*

Wenn du das letzte Kapitel gut durchgelesen und verstanden hast, könntest du dich jetzt an dein erstes Tier heranwagen.
Aber halt! Es fehlt noch etwas ganz Wichtiges!

Wir gehen noch einmal zurück zu unserem Ball von Seite 9.

Sieh ihn dir an: Du **weißt**, es ist ein Ball – aber **siehst** du auch, dass es einer ist? Bis jetzt sieht er aus wie eine Scheibe!

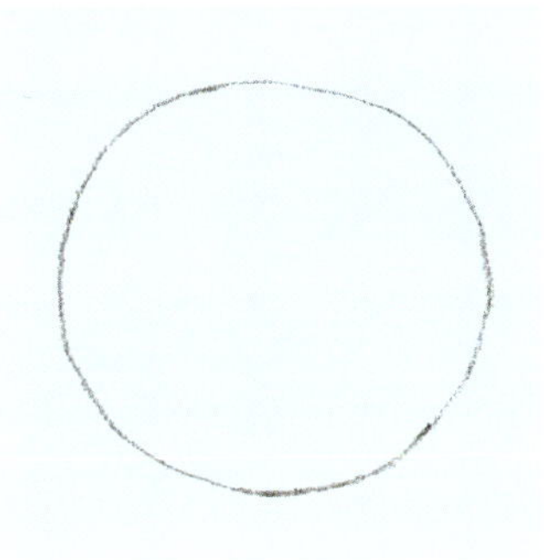

Stell dir vor, wir stellen eine Kerze daneben und zünden sie an: Was passiert?
Die Kerze beleuchtet die eine Seite – und die andere? Sie liegt im Schatten!

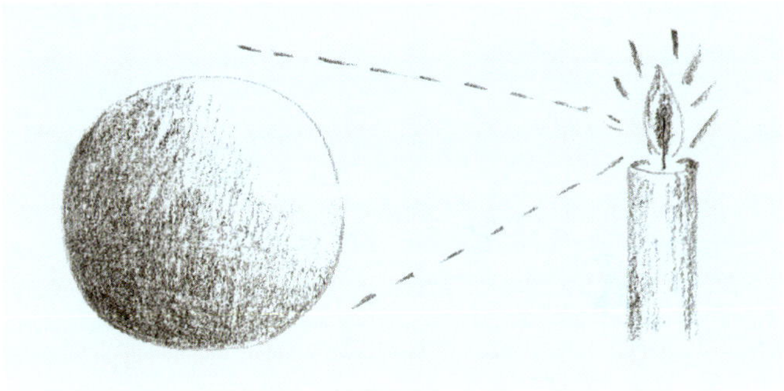

Ob ich einen Ball, eine Tasse, einen Menschen oder ein Tier zeichne – es gibt immer Licht und Schatten.

Alles über Stifte und Farben

*In diesem Kapitel lernst du,
welche Mal- und Zeichenmaterialien es gibt
und wie man damit umgeht.*

Nun wird es Zeit, dass ich dir die Materialien vorstelle, mit denen du zeichnen wirst. Du kennst sie fast alle und hast bestimmt schon mit ihnen gezeichnet oder gemalt – aber vielleicht erfährst du hier das ein oder andere Neue – deshalb lies ruhig, was ich aufgeschrieben habe.

Die Bleistifte

Ich habe dir einige Bleistifte aufgezeichnet, damit du siehst, wie unterschiedlich man mit ihnen zeichnen kann. Es kommt immer darauf an, wie hart oder weich ein Bleistift ist.

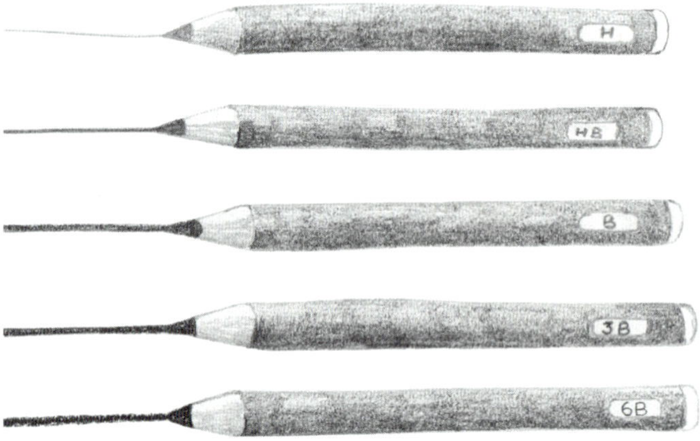

Die Buchstaben und Nummern am hinteren Ende der Bleistifte bezeichnen den so genannten **Härtegrad**. Weiche Stifte haben die Endung *B*. Es gibt sie von HB bis 8B. Harte Stifte gibt es von *H* bis 8H.
Je weicher ein Bleistift ist, desto dunkler zeichnet er. Das hat Vorteile, wenn man ihn vernünftig einsetzt, aber auch Nachteile:

1. Falsche Linien lassen sich nur sehr schwer wegradieren, deshalb sind weiche Bleistifte für Vorzeichnungen und Hilfslinien nicht geeignet.

2. Wenn eine Fläche zu dunkel geworden ist (und das passiert schnell), hast du keine Möglichkeit, sie wieder heller zu machen, denn jedes Radieren verschmiert deine Zeichnung.

3. Zeichnungen, die mit einem weichen Bleistift gemacht wurden, müssen besonders geschützt werden, da sie sofort verwischen – es genügt schon die beim Zeichnen aufgestützte Hand.

*Für die Hilfslinien
und Vorzeichnungen benutzen
wir einen Bleistift *H*, für die
Ausarbeitung von Flächen *HB*
und nur für ganz dunkle
Schatten *B*.*

Dass du mit einem Bleistift Linien ziehen kannst, weißt du:

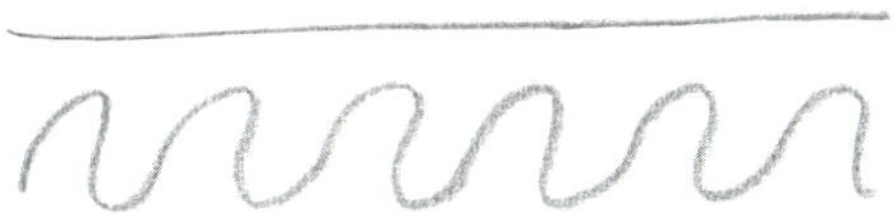

Es ist dir sicherlich auch nichts Neues, dass mit ihm Flächen ausgemalt werden können. Man nennt dies auch **Schraffieren**.

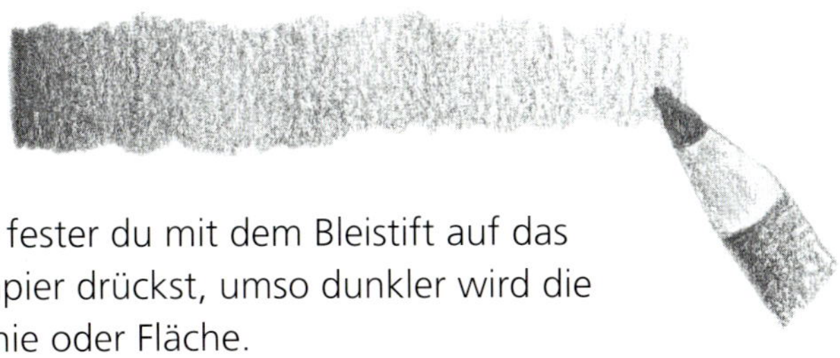

Je fester du mit dem Bleistift auf das Papier drückst, umso dunkler wird die Linie oder Fläche.

Für unsere Bilder ist es wichtig, dass du schraffieren kannst. Du solltest eine Fläche von dunkel nach hell (oder umgekehrt) mit weichen Übergängen – schaffen können, **ohne dass du sie mit den Fingern verwischst!**

Und jetzt du!
Zeichne den Ball von Seite 9 und schraffiere ihn, indem du Licht und Schatten herausarbeitest.

Die Buntstifte

Du kennst sie und hast bestimmt schon sehr oft mit ihnen gezeichnet.

Du hast **Linien gezogen** …

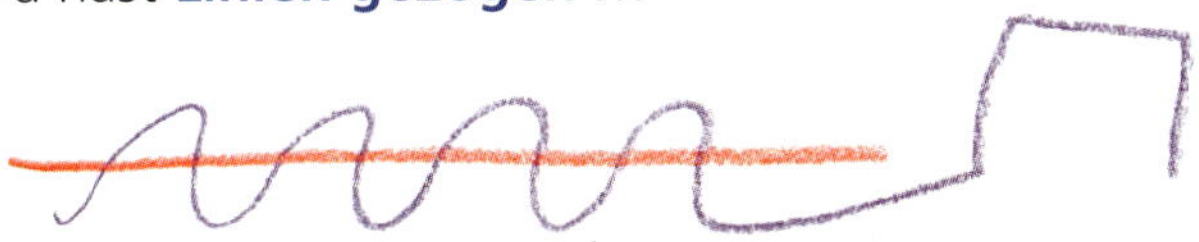

und **Flächen schraffiert.**

Genau wie beim Bleistift gilt auch hier: je fester du aufdrückst, umso dunkler wird deine Fläche. Aber hast du gewusst, dass man mit ihnen **Farben mischen** kann?

Zum Beispiel zwei oder auch drei …

… oder noch viel mehr Farben.

Die Aquarellstifte

Schön aufgereiht liegen sie hier und sehen aus wie Buntstifte. Man malt auch mit ihnen wie mit Buntstiften – aber sieh mal! Da sind auch noch ein Pinsel und ein Wasserglas! Was man damit macht, erkläre ich dir gleich.

Zunächst brauchen wir neues Papier. Wir müssen uns **Aquarellpapier** besorgen. Es ist etwas dicker und rauer als normales Zeichenpapier. Wenn du einen Block kaufst, sind die einzelnen Bögen an allen vier Seiten festgeklebt. Das müssen sie auch, weil oft mit viel Wasser gemalt wird. Wenn das Papier nicht an den Seiten verklebt wäre, würde es sich durch das Wasser wellen.

Zunächst zeichnest du mit den Aquarellstiften wie mit Buntstiften.

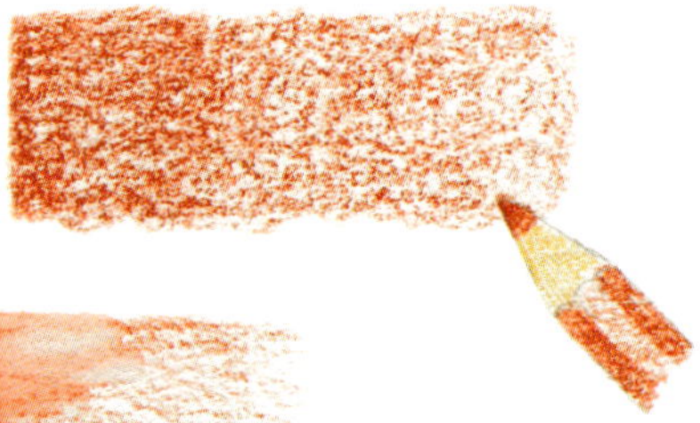

Mit einem Pinsel und Wasser löst du die Farbe an und ziehst sie mit dem Pinsel weiter über das Papier.

Natürlich kannst du die **Farben** auch **mischen:**

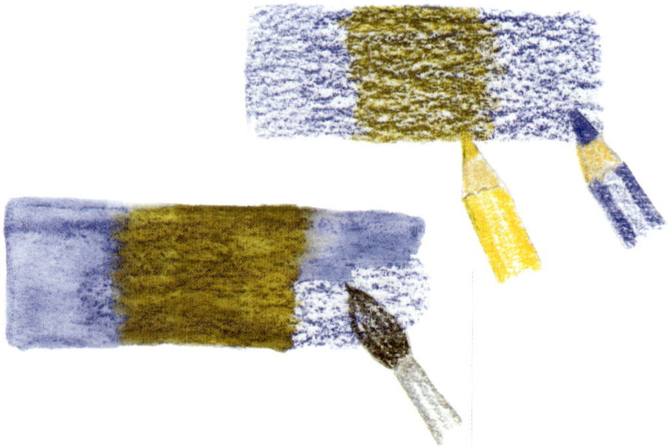

Auf den nächsten Bildern zeige ich dir, dass du mit den Aquarellstiften auch zum Beispiel Gras zeichnen kannst. Wenn du anschließend den Pinsel benutzt, achte darauf, dass du die einzelnen Grashalme nachmalst und nicht flächig arbeitest, sonst erhältst du nur eine grüne Fläche.

Hier ist noch ein Beispiel: Lange, fallende Linien – es könnte der Schweif eines Pferdes sein. Auch hier gilt das Gleiche wie beim Gras: Mit dem Pinsel Linien nachziehen und nicht das Wasser auf der gesamten Fläche verteilen!

Die Pastellkreide

Es gibt viele verschiedene Sorten Pastellkreide: Runde und eckige, dicke und dünne, harte und weiche – sogar als Stifte kann man sie kaufen.
Die Bilder in diesem Buch sind mit runden Kreidestäbchen gezeichnet, die nicht zu hart und nicht zu weich sind. Die Kreide muss sich auf dem Papier gut verwischen lassen.

Pastellkreide auf weißem Papier – die grüne Farbe sieht ganz kalt aus.
Jetzt habe ich graues Tonpapier genommen – ein schönes, leuchtendes Grün ist entstanden.

Die Oberfläche des Malgrundes sollte also ein bisschen rau sein, damit die Kreidestäubchen besser haften.

Ähnlich wie bei Bildern, die mit einem weichen Bleistift gezeichnet werden, müssen Pastellkreidebilder besonders geschützt werden. Dazu benutzt man Fixierspray – man kann jedoch auch Haarspray nehmen. Er ist zwar nicht so gut wie echtes Fixierspray, dafür aber wesentlich preiswerter. Durch das Einsprühen haften die Kreideteilchen besser auf dem Papier.
Am besten schützt du jedes Bild (auch nach dem Einsprühen!), indem du es zwischen zwei Zeitungsseiten legst und es in einer Zeichenmappe aufbewahrst – oder du rahmst es und hängst es auf.

Du kannst **Linien ziehen** …

… und **Flächen ausmalen:**

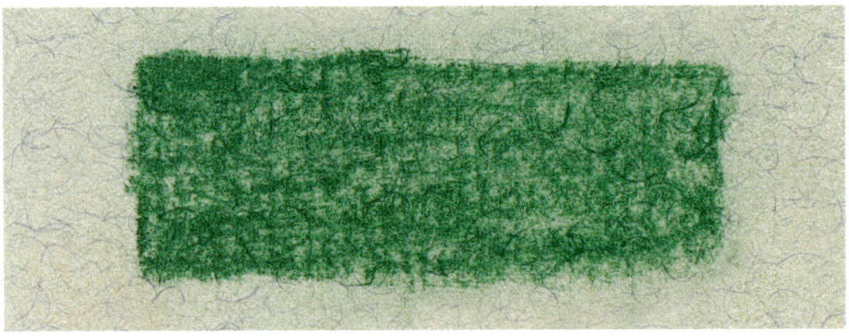

Du kannst die Kreide mit den Fingern verwischen und dadurch einen fließenden, weichen Übergang vom kräftigen zum helleren Grün schaffen.

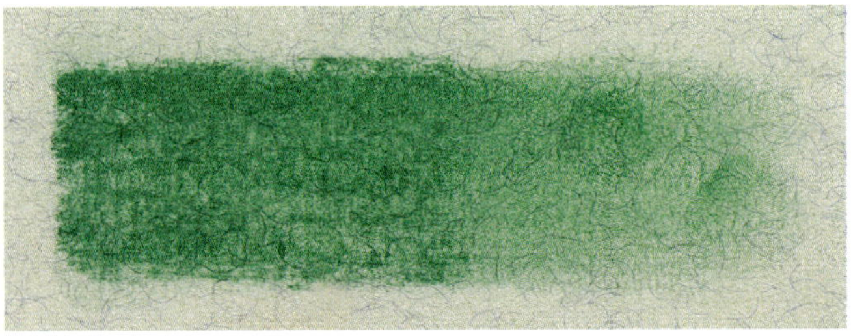

Du kannst auch die **Farben mischen**, indem du zwei Farben übereinander malst und anschließend verwischst.

Oder du mischst zwei oder mehr Farben, indem du kurze oder lange Linien übereinander malst und diese **nicht** mit den Fingern verwischst.

Es ist auch möglich, zuerst einen Untergrund zu malen, diesen zu verwischen und anschließend etwas darüber zu zeichnen:

Die Ölkreide

Sie wird dich ein bisschen an Wachsmalstifte erinnern, die du sicher aus der Schule kennst.

Deshalb kannst du die Bilder und Techniken, die ich dir zeigen werde, auch mit deinen Wachsmalstiften nachmalen. Allerdings ist Ölkreide weicher und es gibt sie in viel mehr Farben als Wachsmalstifte.
Wie bei der Pastellkreide nimmst du auch jetzt wieder farbiges Papier.
Du kannst **Linien ziehen** …

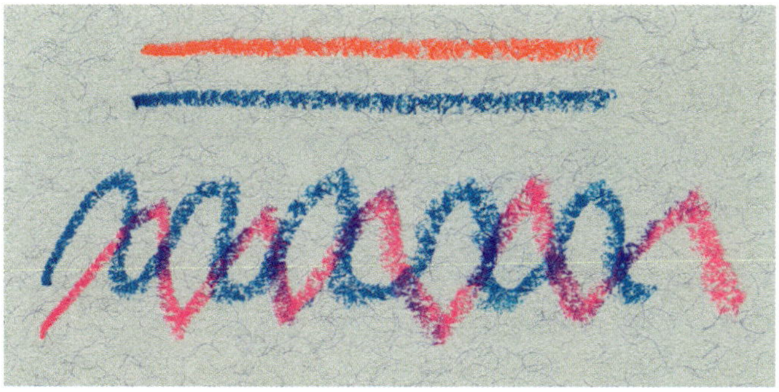

… und **Flächen ausmalen**; indem du fest auf die Kreide drückst,

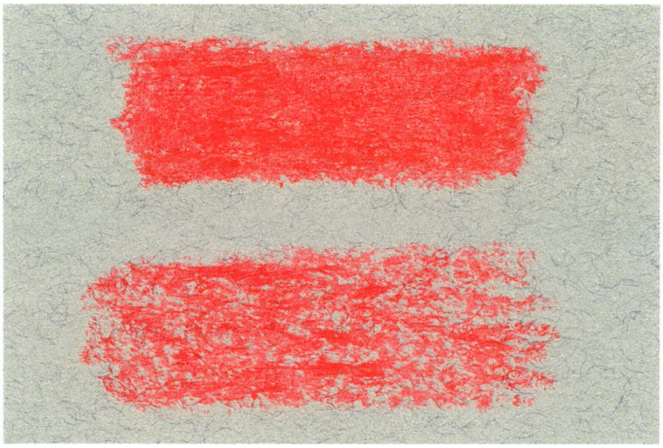

oder das Papier durchschimmern lässt.

Du kannst die **Farben mischen** – aber es ist ein Unterschied, ob du zuerst die dunkle Farbe benutzt und die helle darüber setzt,

oder zuerst die helle und dann die dunkle:

Meine ersten Tiere

Wusstest du, dass man schon aus ganz einfachen Formen Tiere zeichnen kann?
Erinnerst du dich noch an unsere **Grundformen**: Quadrat, Rechteck, Dreieck, Kreis und Oval?

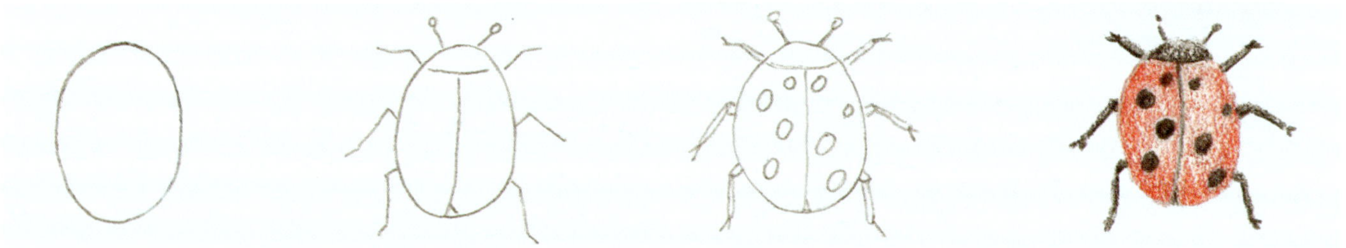

Aus einem hochstehenden Oval entsteht ein Marienkäfer.

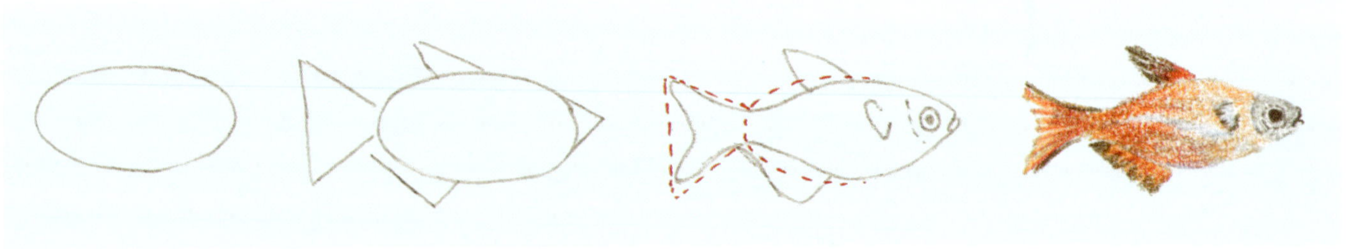

Aus einem liegenden Oval kannst du einen Fisch zeichnen.

Ein Halbkreis ist die Grundform für den Igel.

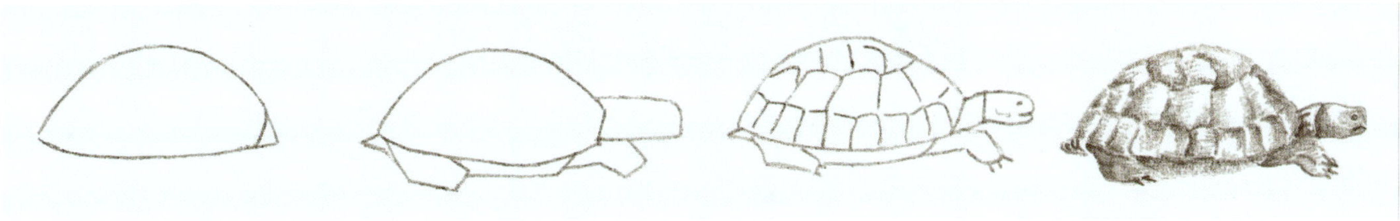

Auch eine Schildkröte kann man aus dem Halbkreis zeichnen.

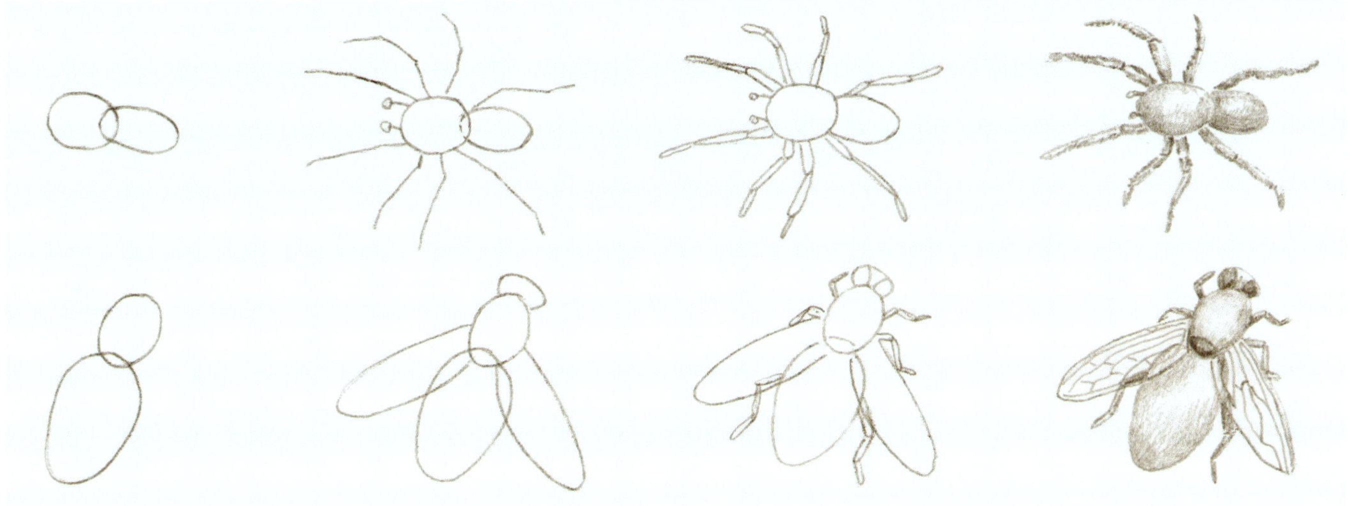

Zwei sich berührende Ovale sind die Grundformen für eine Spinne und eine Fliege.

Und zum Schluss zeige ich dir noch zwei Schmetterlinge.

Und jetzt du!

Welches dieser Tiere gefällt dir am besten? Vielleicht der Igel oder doch die Schmetterlinge? Was hältst du von einer Igelfamilie im Wald oder einer Blumenwiese mit vielen Schmetterlingen?

Male ein schönes Bild, in dem mehrere dieser Tiere vorkommen.
Fallen dir andere Tiere ein, die sich aus diesen einfachen Formen entwickeln lassen? Zeichne sie!

Mein Haustier

Du hast auf den letzten Seiten viel über Grundformen, Hilfslinien und Zeichentechniken gelesen. Vielleicht hast du auch die ein oder andere Übung nachgearbeitet.

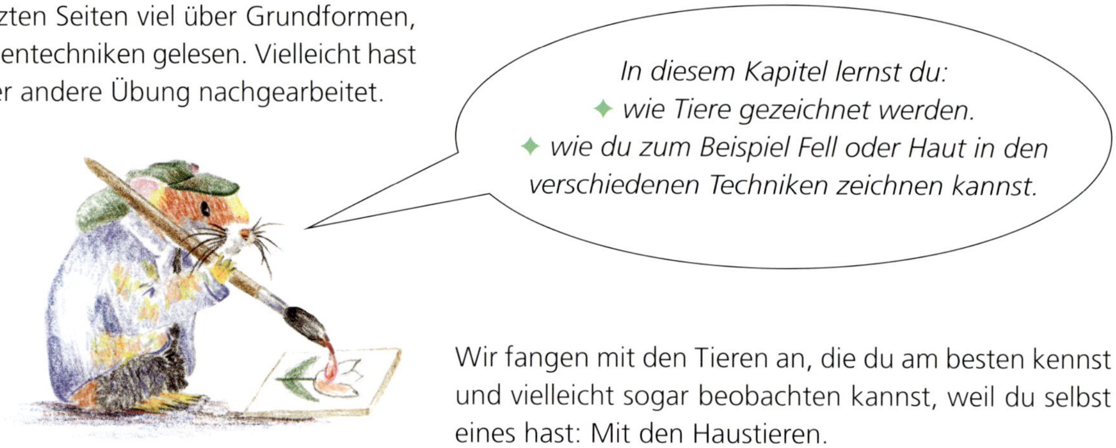

Wir fangen mit den Tieren an, die du am besten kennst und vielleicht sogar beobachten kannst, weil du selbst eines hast: Mit den Haustieren.

Wir zeichnen und malen Katzen

Wir zeichnen einen Katzenkopf (Buntstifte)

Du brauchst folgendes Material:
- Zeichenpapier, 20 x 20 cm
- Bleistift *H*
- Buntstifte in Schwarz, Dunkelbraun, Hellbraun, Rotbraun, Gelb, Olivgrün und Dunkelrot

Sieh dir das Bild an und überlege, welche Grundformen dir beim Zeichnen helfen könnten: für den Kopf ein Kreis, für die Ohren zwei Dreiecke.

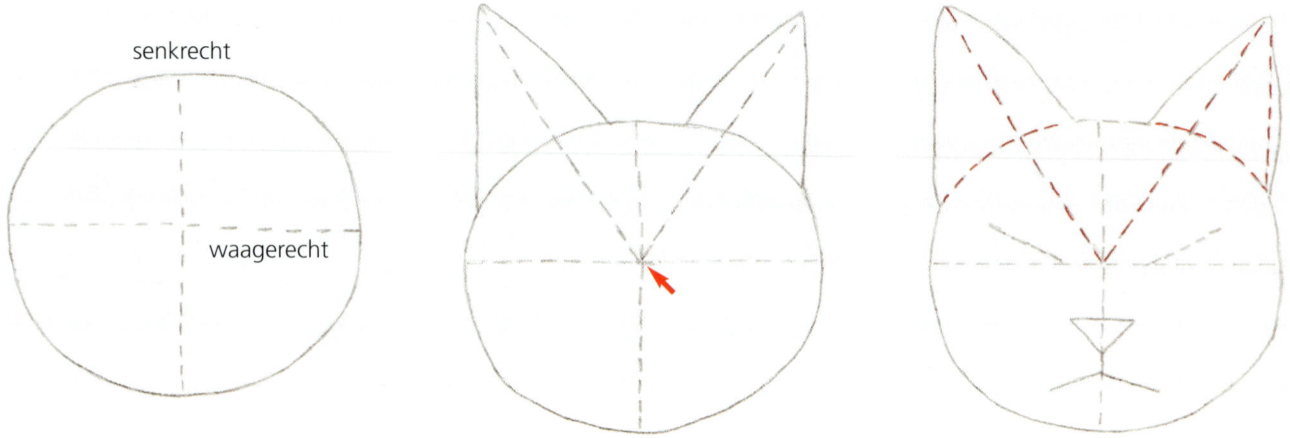

Teile den Kreis durch eine senkrechte und waagerechte Linie. Diese beiden Hilfslinien werden dir helfen, die Ohren anzusetzen und die Augen auf die richtige Höhe zu zeichnen.

Für die Ohren ziehst du zwei Linien schräg nach oben. Beginne an dem Punkt, wo sich die waagerechte und die senkrechte Linie aus Schritt 1 berühren.

Die schräg gezeichneten Hilfslinien für die Augen berühren die waagerechte Linie. Die Nase ist ein kleines Dreieck, und kurz darunter liegt das Mäulchen.

In diesem Schritt entsteht die endgültige Form des Katzenkopfes. Sieh dir das Bild genau an, dann erkennst du, wo die neuen Linien die roten Hilfslinien berühren und wo sie sich von ihnen entfernen.

Nun können wir mit dem Fell anfangen. Zeichne mit kurzen, eng stehenden Strichen. Achte darauf, dass du die Striche in die Richtung setzt, in der das Fell wächst. Mit Schwarz arbeitest du die dunkelsten Linien und Flächen heraus.

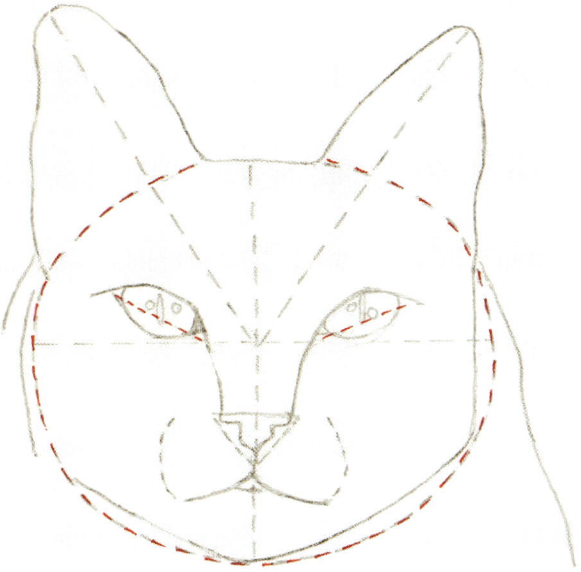

Die Grundfarbe des Gesichtes ist Hellbraun; in den Ohren benutzt du zusätzlich Rotbraun. Um das Mäulchen herum und innerhalb der Ohren bleibt weißes Papier stehen.

Nun wird das Fell weiter ausgearbeitet. Hierfür brauchst du Schwarz. Zeichne mit kurzen Strichen und drücke nicht zu fest auf deinen Stift. Für die Schatten in den Ohren brauchst du Dunkelbraun. Das Fell und das Ohr in der Vergrößerung:

Im letzten Schritt malst du die Augen mit Grün und Gelb. Ganz wichtig sind die weißen Lichtpunkte – sie bleiben weiß. Für die Nase benutzt du Rotbraun, und zum Schluss bekommt die Katze Schnurrbarthaare mit Schwarz.

Dein erstes Katzenbild ist fertig. Du weißt jetzt, wie der Kopf gezeichnet werden muss, und wir können uns nun der ganzen Katze zuwenden.

Gefallen dir die Katzen auf diesem Bild?
Wenn du Lust hast, zeige ich dir auf den nächsten Seiten, wie man sie zeichnet!

Wir zeichnen eine sitzende Katze (Bleistift)

Du brauchst folgendes Material:
- Zeichenpapier, 20 x 30 cm
- Bleistifte in den Härtegraden *H*, *HB* und *2B*.

Wir beginnen mit der sitzenden Katze, die du von vorn siehst: Kommt sie dir bekannt vor? Ich habe sie dir schon vorgestellt, als es um die Abmessungen der richtigen Größenverhältnisse von Kopf und Körper ging.
Zur Erinnerung:
Zunächst überlegst du, welche Grundformen dir beim Zeichnen helfen könnten: Der Kopf ist ein Kreis, der Körper ein Oval. Da die Katze etwas gebückt sitzt, überschneiden sich die beiden Formen.

Mit dem Bleistift *H* zeichnest du zuerst den Kopf, dann überprüfst du, wie oft der Kopf in den Körper passt. Nur so bekommst du die richtige Höhe des Ovals. Das Ergebnis siehst du in dieser Zeichnung.

Der Kopf passt etwas mehr als zweimal in den Körper. Die Breite des Ovals kannst du jetzt selbst ausmessen, ebenfalls mit dem Kopf als Maß.

Zum Schluss ziehst du eine senkrechte Linie durch die Mitte.

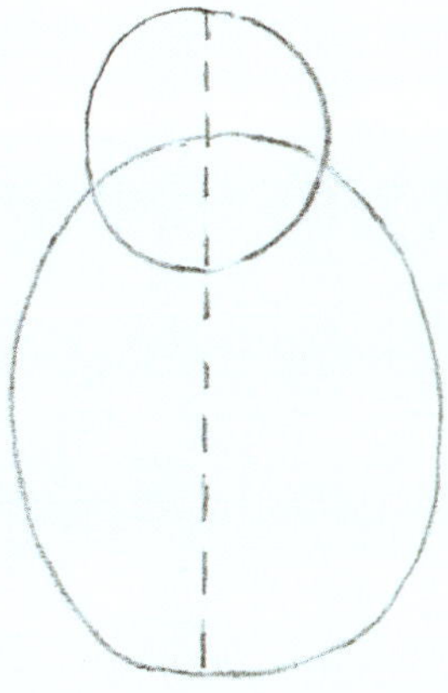

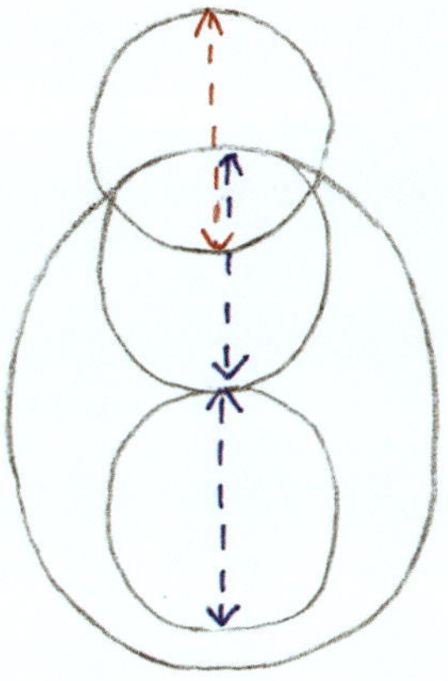

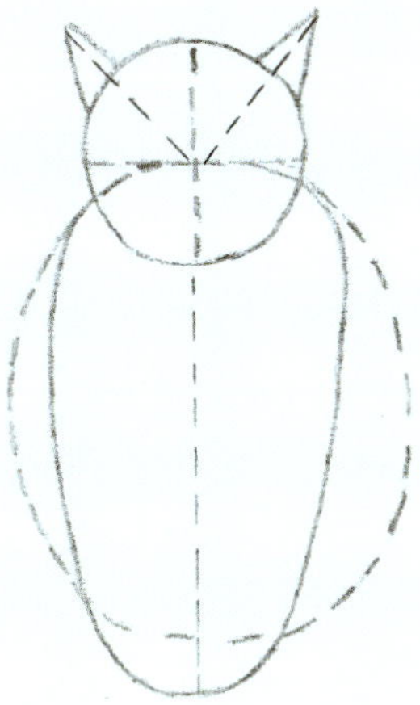

So, die Hilfslinien für das Gesicht kennst du ja schon von Seite 22. Das hinzugekommene schmale Oval im Körper deutet die Stellung der Beine an.

Auf dem Bild rechts siehst du die Vorzeichnung ohne Hilfslinien. Dann habe ich das Fell mit dem Bleistift *HB* gestrichelt. Beachte, in welche Richtung es wächst, denn das ist die Strichrichtung! Große Teile des Papiers bleiben weiß. Nur die Augen, die Nase und das Schnäuzchen werden dunkler getönt.
Im letzten Schritt nimmst du den Bleistift *2B*, um die dunkelsten Schatten kräftiger herauszuarbeiten.

Wir zeichnen eine sitzende Katze von der Seite (Bleistift)

Wir bleiben noch ein bisschen bei den sitzenden Katzen. Dieses Mal zeichnen wir jedoch eine, die dich zwar ansieht, aber deren Seite dir zugewandt ist.
Unsere erste Frage ist wieder: In welche Grundformen passen Kopf und Körper?

Auf dieser Abbildung siehst du, wie die Hilfslinien und der Schwanz der Katze entstehen.

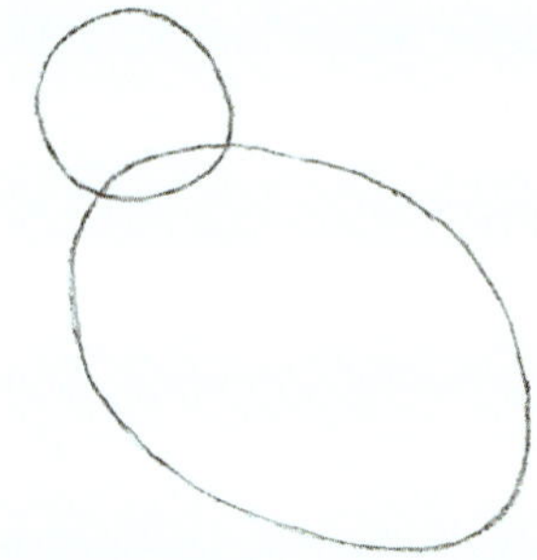

Und siehe da, es ist wieder der Kreis und das Oval. Da diese Katze anders sitzt als unsere erste, müssen auch die Grundformen anders zusammengesetzt werden. Wie das aussieht, das siehst du auf dem Bild.

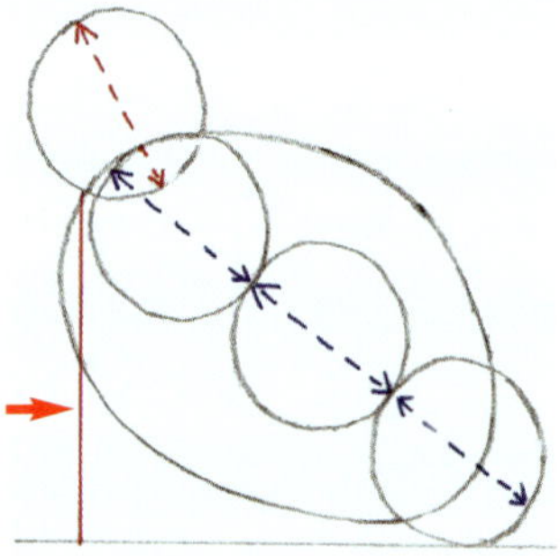

Für das richtige Größenverhältnis von Kopf und Körper nimmst du wieder das Kopfmaß und stellst fest: der Kopf passt zweieinhalb Mal in die Länge des Körpers. Die Breite des Ovals misst du genau so aus.
Das Oval des Körpers ist nicht senkrecht und nicht waagerecht – es liegt schräg. Um diese Schräge herauszufinden, misst du den Abstand vom Kopf bis zum Boden – das ist die Linie, auf die der rote Pfeil zeigt; später wird hier die Vorderpfote eingezeichnet.

Du verbindest Kopf und Körper, zeichnest das Vorderbein und deutest das hintere Bein an. Dann setzt du die wichtigsten Linien im Gesicht.

Und so sieht die Katze ohne Hilfslinien aus!

Mit den Bleistiften HB und 2B schraffierst du das Fell der Katze. Achte dabei auf die hellen und dunklen Stellen im Fell.

Ich denke, diese Katzen kannst du jetzt alleine zeichnen. Ich zeige dir nur die Grundformen, die Abmessungen der Größenverhältnisse und die gezeichneten Katzen mit den Hilfslinien:

Und jetzt du!
Versuche, diese beiden Katzen zu zeichnen und mit dem Bleistift zu schraffieren.

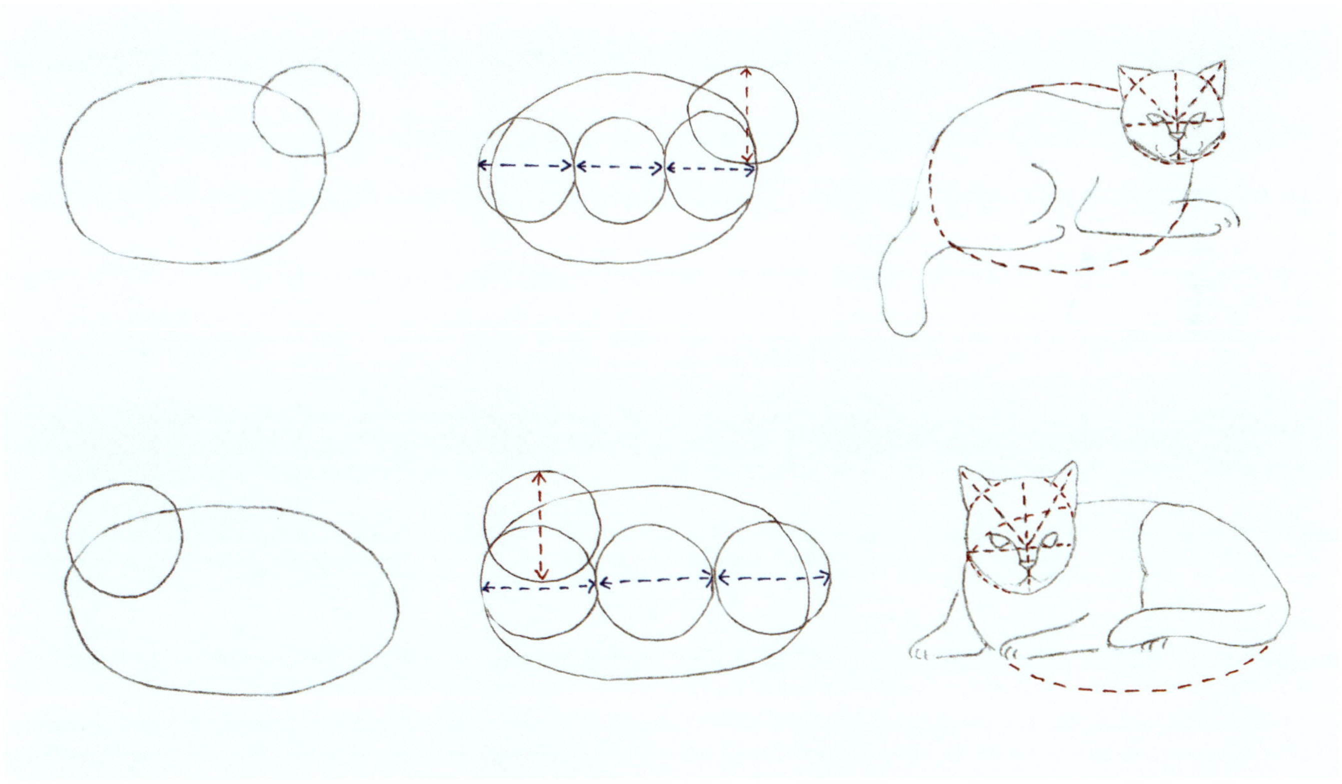

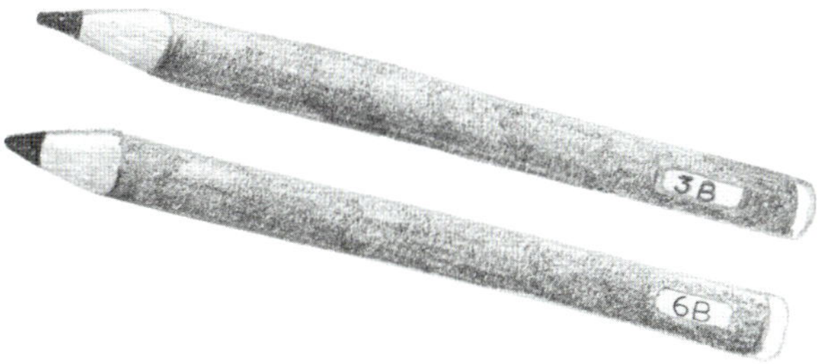

Wir malen eine Katze (Aquarellstifte)

Du brauchst folgendes Material:
- Aquarellpapier, 20 x 30 cm
- Bleistift *H*
- Aquarellstifte in Dunkelgrau, Gelbbraun, Blau und Hellgrün
- je einen Pinsel Nr. 4 und Nr. 8.

Ich habe noch einmal eine sitzende Katze von der Seite gewählt.

Ein kleines und ein großes Oval bilden die Grundformen für den Kopf und den Körper. Die waagerechte Linie im oberen Teil des Kopfes deutet die Höhe der Augen an. Du siehst, dass der Kopf dreimal in den Körper passt. Die rote senkrechte Linie, auf die der Pfeil zeigt, gibt die Länge der Vorderpfoten an. Da die Katze etwas nach vorne gebeugt sitzt, ist das Hinterteil höher als die Pfoten. Hier ist die Katze noch einmal – mit und ohne Hilfslinien. Schau genau hin! Dann siehst du, wo du beim Zeichnen von den Hilfslinien abweichen musst.

In dieser Vorzeichnung sind die wichtigsten Linien des Musters im Fell angedeutet.

Dieses Muster schraffierst du jetzt mit Dunkelgrau nach. Viele Teile des Papiers bleiben aber weiß.

Für den Rest des Fells nimmst du Gelbbraun. Weil das Fell stellenweise hell ist, lässt du wieder große Bereiche im Gesicht und an den Vorderpfoten weiß. Die Schatten unter der Katze habe ich mit Blau und Schwarz gemischt.

Nun wird es spannend! Mit dem Pinsel Nr. 4 löst du die Farbe im Katzenfell an. Beginne mit den dunklen Stellen und lass sie trocknen, bevor du die gelbbraunen Bereiche malst. Für die dunkelblauen Schatten nimmst du den Pinsel Nr. 8.

Wir zeichnen und malen Hunde

Hat dir das Kapitel über die Katzen Spaß gemacht? Wenn du fleißig mitgezeichnet hast, konntest du viel lernen – und das wird dir in diesem Kapitel zu Gute kommen. Es geht jetzt um ***Hunde.*** *Wir beginnen mit einem Hundekopf.*

Wir malen einen Hundekopf (Pastellkreide)

Du brauchst folgendes Material:
- graues Tonpapier, 20 x 30 cm
- Pastellkreide in den Farben Weiß, Schwarz, Hellgrau, Dunkelgrau, Rosa, Dunkelgelb, Rotbraun und Dunkelgrün

WICHTIG:
Die ersten vier Schritte der Vorzeichnung zeige ich dir auf hellem Papier, damit du die Linien besser erkennen kannst. **Du aber benutzt das graue Tonpapier und für die Vorzeichnung weiße Pastellkreide.**

Wie gefällt dir der Hund, den ich für dich ausgesucht habe? Es ist ein Dalmatiner.
Hast du Lust ihn mit mir zu zeichnen? Na, dann fangen wir sofort an!
Aber halt! Wir müssen uns ja noch eine ganz wichtige Frage stellen, bevor wir anfangen:

Welche Grundformen brauchen wir, um diesen Dalmatinerkopf zeichnen zu können?

Die Form für die Nase ist nicht ganz einfach, deshalb zeige ich sie dir noch einmal in der Vergrößerung.

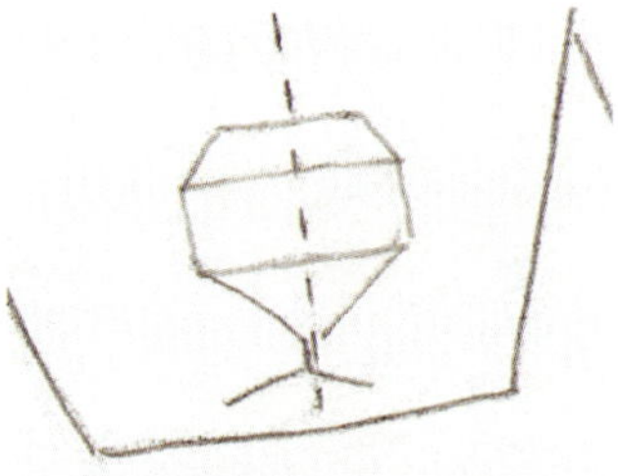

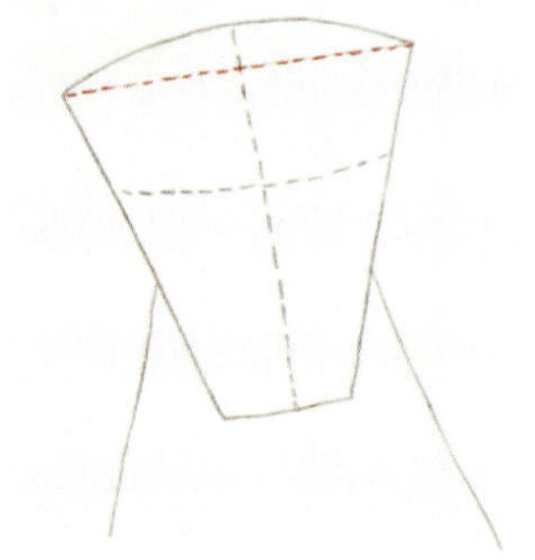

Wir könnten es mit einem Oval versuchen, aber ich zeige dir etwas Besseres: Es sieht aus wie ein unten abgeschnittenes Dreieck, mit einem nach oben gewölbten Deckel.
Die senkrechte gestrichelte Linie hilft dir später, die Nase in die Mitte des Kopfes zu setzen, und die waagerechte, leicht gebogene Linie legt die Höhe der Augen fest.
Verlängere die obere gebogene Linie nach links und rechts, um die Hilfslinien für die Ohren einzuzeichnen. Sie sehen ebenfalls aus wie abgeschnittene Dreiecke.

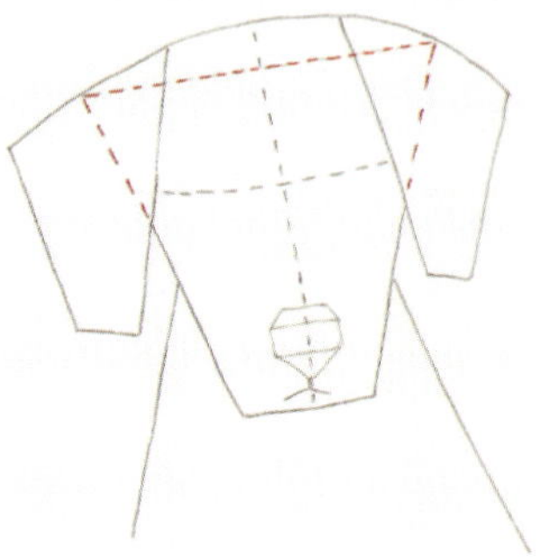

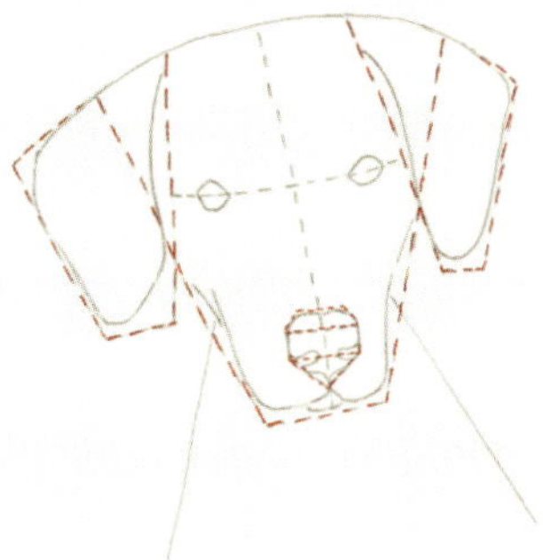

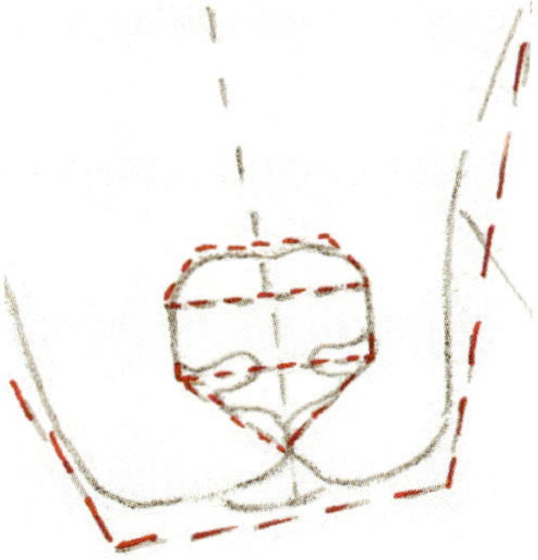

Hier kannst du wieder gut erkennen, wie der Kopf in die Hilfslinien gezeichnet wird.
Noch einmal die Nase in der Vergrößerung.

So sieht die Vorzeichnung aus, wenn alle Hilfslinien wegradiert sind – auf weißem Papier …

… und auf dunkelgrauem Tonpapier.

Mit weißer und schwarzer Pastellkreide färbst du den Hund, wie du es auf dem Bild siehst. Einige Stellen musst du dabei frei lassen, wie die Augen, die Nase und die Schnauze.

Jetzt benutzt du Hellgrau, Rosa und Dunkelgelb. Mit dem Finger verwischst du die Farben vorsichtig ineinander. Die Augen umrandest du mit schwarzer Pastellkreide mit abgebrochener Kante. Nicht verwischen!

Sieh dir das Bild genau an, wenn du mit Rotbraun und Schwarz das Innere der Augen zeichnest. Ganz wichtig ist der weiße Lichtpunkt. Er muss an der richtigen Stelle sitzen, sonst schielt dein Hund.

Die Augen zeige ich dir noch einmal in der Vergrößerung:

Auch die Nase habe ich vergrößert. Die wenigen weißen Stellen bringen die feuchte Hundenase zum Glänzen.

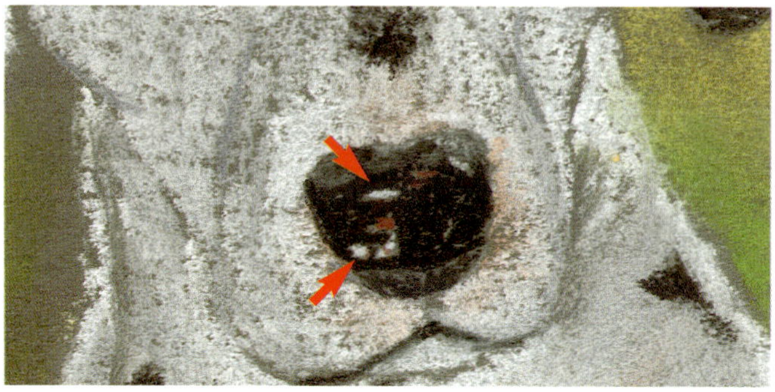

Wenn dir mein Vorschlag für den Hintergrund nicht gefällt (Schwarz, Dunkelgrün und Dunkelgelb – mit den Fingern verwischt) – dann kannst du natürlich deinen eigenen Hintergrund malen.

Wir zeichnen einen stehenden Hund (Buntstifte)

Du brauchst folgendes Material:
- Zeichenpapier, 20 x 30 cm
- Bleistift *H*
- Buntstifte in Rotbraun hell, Rotbraun dunkel, Dunkelbraun und Schwarz

Wie gefällt dir dieser Hund? Ich möchte ihn mit dir zusammen zeichnen. Welche Grundformen könnten uns beim Zeichnen helfen? Genau! Ein kleines Oval für den Kopf und ein großes für den Körper.

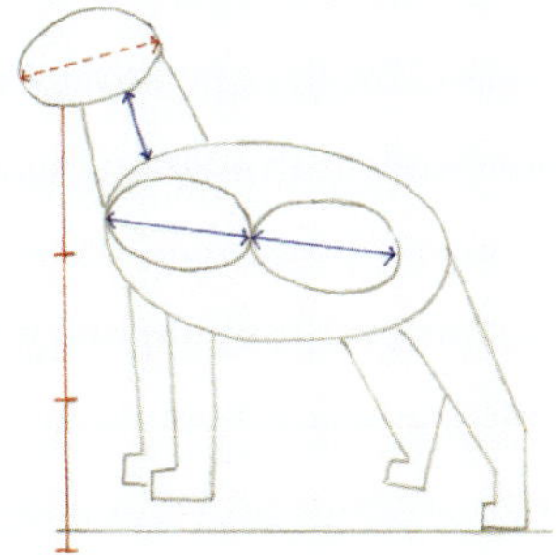

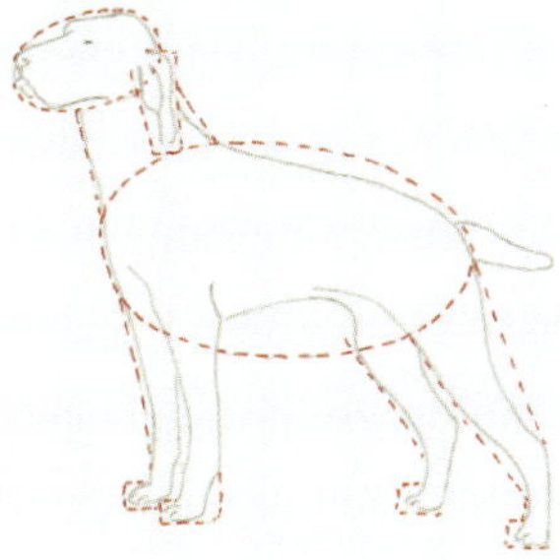

In den Körper passt der Kopf etwas mehr als zweimal hinein. Der Abstand zwischen diesen beiden Grundformen, dort wo der Hals ist, beträgt eine halbe Kopflänge, wie du leicht nachmessen kannst. Der Abstand des Kopfes vom Fußboden beträgt etwas weniger als 3 Kopflängen. Du kannst das an der roten Linie nachmessen. Die Länge der Beine kannst du jetzt selbst bestimmen. Achte aber darauf, dass sie weder zu lang noch zu kurz werden. Nimm den Kopf als Maß.
Hier zeige ich dir, wie sich der Hund aus den wichtigsten Grundformen zusammensetzt … und hier habe ich diese Hilfslinien rot gestrichelt, damit du besser erkennen kannst, wo und wie du die neuen Linien zeichnen musst.

Nachdem du alle Hilfslinien wegradiert hast, sieht die Vorzeichnung so aus:

Mit hellem Rotbraun schraffierst du den Hund gleichmäßig. Die Schatten an den Beinen bekommst du, indem du mit dem Buntstift fester aufdrückst. Damit das Fell etwas dunkler wird, benutzt du das dunkle Rotbraun, vor allem am Hals und im Gesicht. Die ganz dunklen Schatten der hinteren Beine werden mit Dunkelbraun übermalt. Für die Nase und die Augen nimmst du Schwarz.

Hast du eine Idee für einen schönen Hintergrund? Wo steht dieser Hund? Ist er auf einer Wiese oder im Haus? Lass dir etwas einfallen und zeichne es!

Wir zeichnen einen liegenden Hund (Bleistift)

Ist das nicht ein schöner Hund? Er hat langes, welliges Fell.

Wie man ihn mit dem Bleistift zeichnet, zeige ich dir jetzt:

Du brauchst folgendes Material:
- Zeichenpapier, 20 x 30 cm
- Bleistifte *H* und *HB*

Ein kleines und ein großes Oval bilden den Kopf und den Körper. Etwas mehr als zweimal passt der Kopf in den Körper, wie du auf dem Bild siehst. Die Breite des Körpers kannst du leicht selbst ausmessen.

Im zweiten Schritt zeichnest du einen Kreis für den Schwanz, ein kleines Viereck für das Ohr, dann noch etwas, das aussieht wie die Zahl 2, für das Hinterbein und zwei lang gestreckte Rechtecke für die Vorderpfoten.

Auf diesen beiden Bildern siehst du den gezeichneten Hund mit den roten Hilfslinien und dann noch ein zweites Mal, nachdem du sie wegradiert hast.

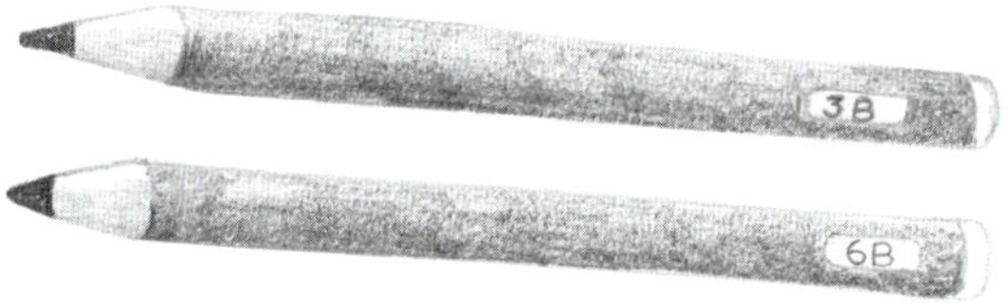

Mit dem Bleistift HB deutest du das lange Fell an. Einige wenige Striche genügen. Achte darauf, in welche Richtung das Haar wächst. Im letzten Bild verstärkst du die Schatten, indem du mit dem Bleistift fester aufdrückst.

Und jetzt du!
Nun kannst du selbst überprüfen, wie viel du gelernt hast, denn ich habe wieder eine Übung für dich!

Es ist nicht ganz einfach, denn es fehlen einige Schritte. Versuche trotzdem, diese beiden Hunde zu zeichnen, nachdem du die Größenverhältnisse selbst ausgemessen hast. In welcher Technik du sie zeichnest, überlasse ich dir!

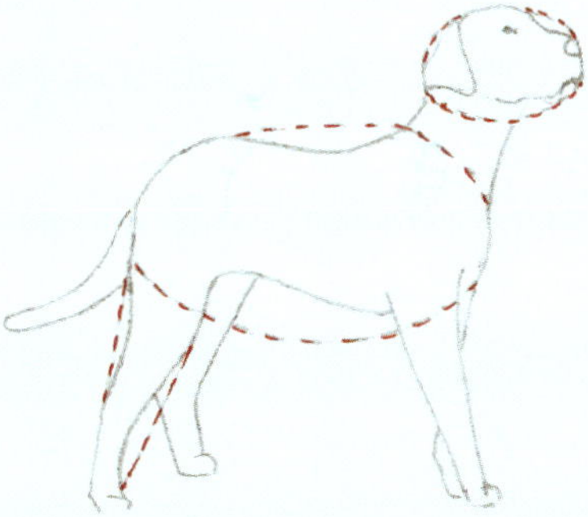

Wir haben das Kapitel über Hunde abgeschlossen. Ich hoffe, es hat dir Spaß gemacht. Aber du möchtest doch bestimmt noch andere Haustiere kennen lernen, oder?

Wir malen zwei Kaninchen (Ölkreide)

Hast du vielleicht ein Kaninchen zu Hause, und wolltest du es immer schon einmal zeichnen oder malen?

Beginne mit den Ovalen für die beiden Köpfe. Der rechte ist etwas kleiner und kugeliger als der linke, und sie berühren sich. Um die Körper auszumessen, nehme ich den linken Kopf und stelle fest, dass er längs etwas weniger als zweimal in den Körper passt. Die Höhe kannst du selbst ausmessen.

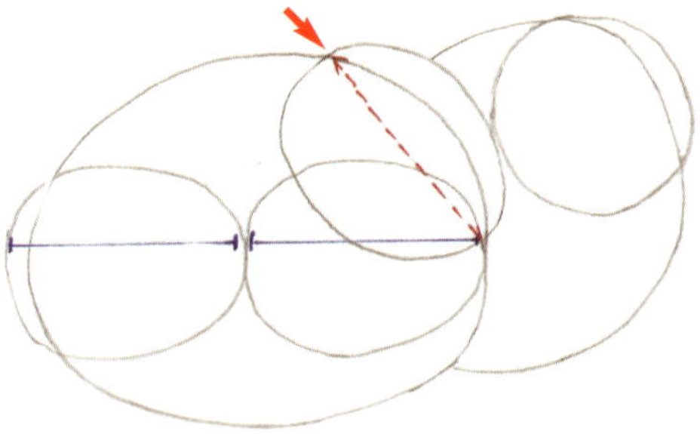

Wenn du die Grundformen des ersten Kaninchens in den richtigen Größenverhältnissen gezeichnet hast, beginnst du mit dem Körper des zweiten. Hier helfen dir die Punkte weiter, an denen sich die Körper berühren.

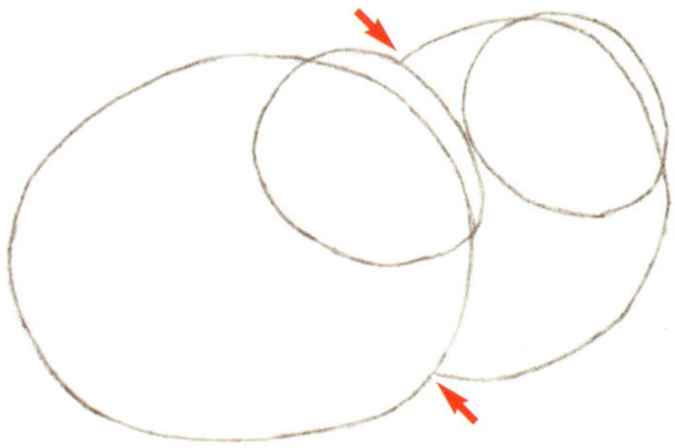

Du brauchst folgendes Material:

- Tonpapier in Dunkelgrau, 20 x 30 cm
- Ölkreide in Weiß, Schwarz, Dunkelgelb, Dunkelbraun und Dunkelgrün

Nun haben die Kaninchen Ohren, kleine Pfoten und ein Gesicht bekommen. Die Hilfslinien an den Köpfen sind jetzt rot gestrichelt.

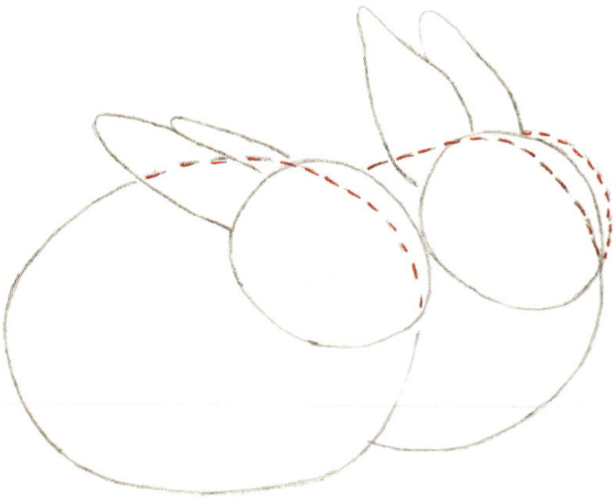

Auf dem ersten Bild siehst du die Vorzeichnung, ohne Hilfslinien – auf dunkelgrauem Tonpapier.

Im zweiten Schritt habe ich die wichtigsten Licht- und Schattenpartien mit Schwarz, Dunkelbraun, Rotbraun und Weiß herausgearbeitet. Schwarze Augen mit einem weißen Lichtpunkt haben unsere Kaninchen auch schon bekommen.

Nun wird der Rest des Kaninchenfells mit Dunkelgelb getönt. Male teilweise über die Farben des zweiten Schrittes, dadurch verbindest du die einzelnen Farbflächen.

Nun ist Weiß deine wichtigste Farbe. Das gesamte Kaninchenfell muss jetzt überarbeitet werden, damit es wirklich flauschig aussieht. Male mit kurzen Strichen, die in die Richtung gesetzt werden, in der das Fell gewachsen ist.

Wenn du Lust hast, kannst du die Kaninchen auch in eine Wiese setzen, aber vielleicht fällt dir noch etwas anderes ein.

Wir zeichnen Meerschweinchen (Buntstifte)

Zunächst einmal sind es mehrere Tiere, die unterschiedlich groß sind, und da eine Gruppe zu zeichnen immer schwieriger ist als ein Einzeltier, steckt da unsere erste Schwierigkeit.

Außerdem befinden sich unsere Meerschweinchen nicht auf einer Höhe, das heißt, das kleine rechts sitzt ganz unten auf dem Zeichenblatt, darüber befindet sich seine Mama, und ein kleines Stückchen höher steht das dritte Meerschweinchen.

Du brauchst folgendes Material:
- Zeichenpapier, 20 x 30 cm
- Bleistift *H*
- Buntstifte in den Farben Gelb, Hellblau, Rotbraun hell, Rotbraun dunkel, Grau, Dunkelbraun und Schwarz

Zuerst zeige ich dir die Grundformen für alle drei Meerschweinchen, wie sie auf dem Blatt verteilt werden sollten. Du beginnst deine Vorzeichnung mit dem kleinen Meerschweinchen unten rechts.
Die Größe seines Kopfes kannst du auch für die anderen Tiere als Maß nehmen.

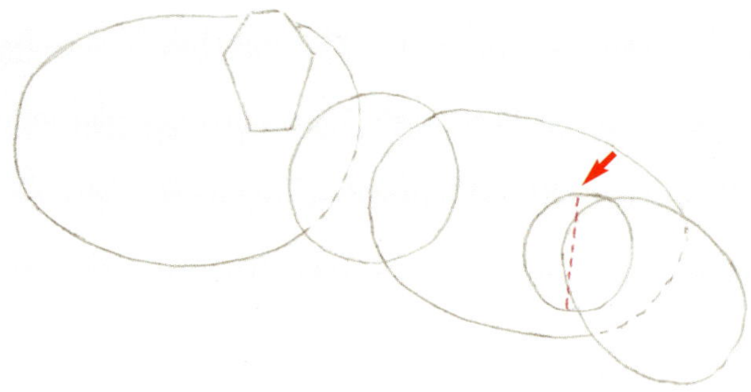

Wenn du das geschafft hast, liegt das Schwierigste schon hinter dir!
Nun zeichnest du die Gesichter und anschließend die Linien für die Körper in die Grundformen.

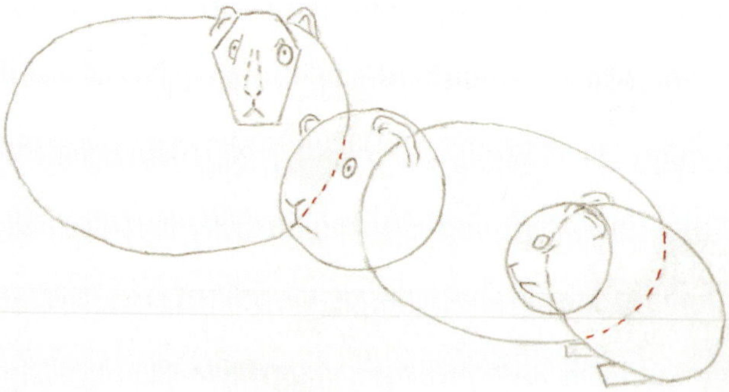

Auf dem ersten Bild siehst du die Vorzeichnung, nachdem die Hilfslinien wegradiert wurden.

Auf dem zweiten habe ich mit den Buntstiften angefangen: Gelb, Rotbraun hell, Grau und Schwarz sind die Grundfarben für das Fell. Die unterschiedliche Länge der Haare bekommst du, wenn du mit langen oder kurzen Strichen malst. Für die Augen benutzt du Schwarz – denke an die weißen Lichtpunkte!

Nun wird das lange Fell des Angorameerschweinchens noch einmal mit Rotbraun dunkel und Dunkelbraun überarbeitet; bei den beiden anderen Meerschweinchen brauchst du Hellblau für die Schatten im weißen Fell und Rotbraun dunkel für die Köpfe und das Hinterteil des kleinen.
Den Boden habe ich mit Gelb und Dunkelbraun getönt.

Auf dem Bauernhof

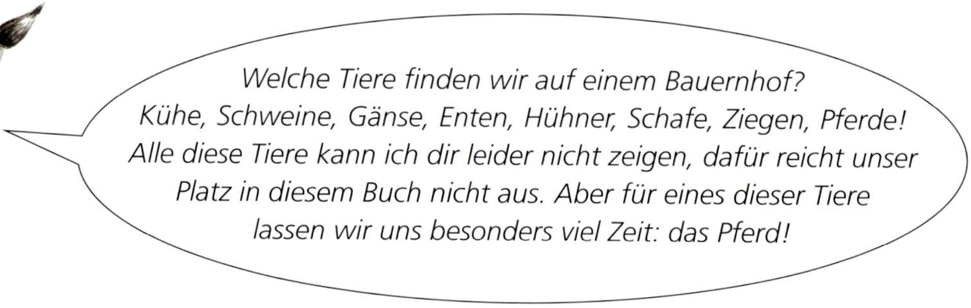

Wir zeichnen und malen Pferde

Wir malen einen Pferdekopf (Aquarellstifte)

Wie bei unseren früheren Arbeiten, zeige ich dir schon einmal das fertige Bild. Nun kannst du selbst entscheiden, ob es dir gefällt und ob du es mit mir zusammen malen willst.

Du brauchst folgendes Material:
- Aquarellpapier, 20 x 30 cm
- Bleistift *H*
- Aquarellstifte in Dunkelgelb, Rotbraun, Dunkelbraun, Hellgrau, Dunkelgrau, Grün und Schwarz

Wir brauchen eine Grundform für den Kopf: Oben ist der Kopf breit, und unten laufen die Linien zusammen. Das sieht aus wie ein Dreieck, bei dem die Spitze abgeschnitten ist. Also zeichnen wir ein abgeschnittenes Dreieck. Dabei beginnen wir mit der Linie, auf die der rote Pfeil zeigt. Mit Hilfe dieser Linie messen wir aus, wie lang der Kopf werden soll. Und das zeigt dir der blaue Pfeil. Die rote Linie passt etwas weniger als zweimal in die Länge des Kopfes.

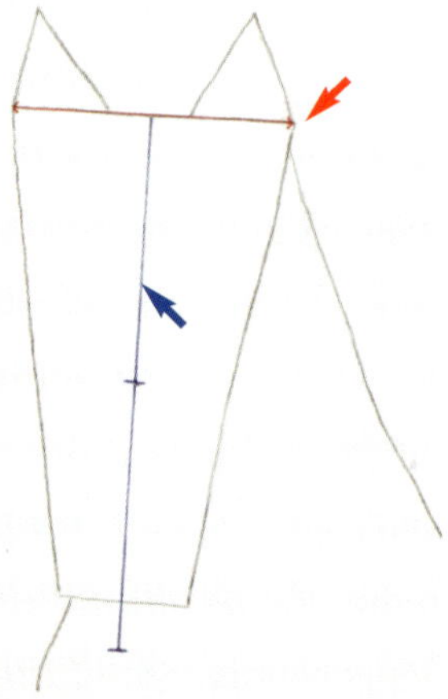

Für die Ohren nimmst du zwei kleine Dreiecke. Die gebogene Linie im oberen Teil des Kopfes zeigt dir, wo später die Augen eingezeichnet werden.

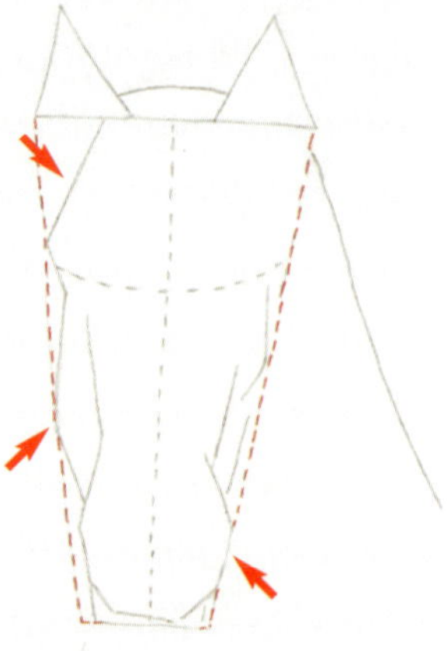

Innerhalb der gestrichelten roten Hilfslinien kannst du jetzt die Kopfform zeichnen. Beobachte genau, wo die neuen Linien von den Hilfslinien abweichen und wo sie sie berühren.
Nun runde die Linien vom vorhergehenden Bild ab. Dann setzt du die Augen an die richtige Stelle.
Zum Schluss entstehen die Nüstern. Die Mähne deutest du mit einigen Strichen an.

Die Grundfarbe des Pferdes ist Rotbraun. Die dunkelsten Stellen malst du mit Dunkelbraun, die hellen mit Goldgelb. Für die Augen und die Nüstern benutzt du Schwarz. Rund um die Nüstern lässt du viel weißes Papier stehen. Den Rest tönst du mit Hellgrau ab, wie du es auf dem Bild siehst. Die lange Mähne wird mit langen, gebogenen Linien in Dunkelbraun deutlicher hervorgehoben.

Das Gesicht des Pferdes hat in diesem Bild mehr Schatten bekommen. Auch unterhalb der Mähne und am Hals ist das Fell jetzt dunkler, weil hierhin wenig Licht fällt. Nimm dafür Dunkelbraun. Die Nüstern werden mit Dunkelgrau stärker herausgearbeitet.
Bevor du den Hintergrund mit Dunkelgrün und Dunkelbraun abtönst, bekommt die Mähne noch eine goldgelbe Färbung.

Und so sieht dein Pferdekopf aus, nachdem du die Farben mit dem Pinsel und Wasser vorsichtig angelöst hast.

Beim Vermalen mit Wasser musst du bei zwei aneinander stoßenden Farbflächen darauf achten, dass die eine völlig trocken ist, bevor du die andere mit Wasser vermalst.

Wenn du Lust hast, nehme ich dich mit und zeige dir auf den nächsten Seiten wie man diese Pferde zeichnet, mal mit Buntstiften, mal mit dem Bleistift. Zum Schluss hast du dann so viel gelernt, dass du ohne Hilfen entweder dieses Bild oder ein ganz anderes Pferdebild malen kannst.

Hier habe ich noch ein Bild mit vielen Pferden auf der Weide für dich gemalt.

Wir zeichnen ein Pferd von der Seite (Buntstifte)

Du brauchst folgendes Material:
- Zeichenpapier, 20 x 30 cm
- Bleistift *H*
- Buntstifte in Gelbbraun, Rotbraun, Dunkelbraun und Schwarz

Wir beginnen mit diesem Pferd. Es steht auf dem Bild von der Pferdeweide ganz hinten am Zaun.

Die Grundformen brauche ich dir nicht mehr zu nennen. Bestimme wie immer zuerst die Größenverhältnisse. Nimm den Kopf des Pferdes als Maß. Sieh dir an, wie weit der Kopf vom Boden entfernt ist. In diesen Abstand passt der Kopf zweimal hinein. Jetzt kannst du den Kopf zeichnen und die Linie für den Boden festlegen. In den Hals passt der Kopf nur ein halbes Mal hinein, in die Breite des Körpers anderthalb und in die Länge etwas mehr als zweimal – und immer ist das Maß die gestrichelte rote Linie.

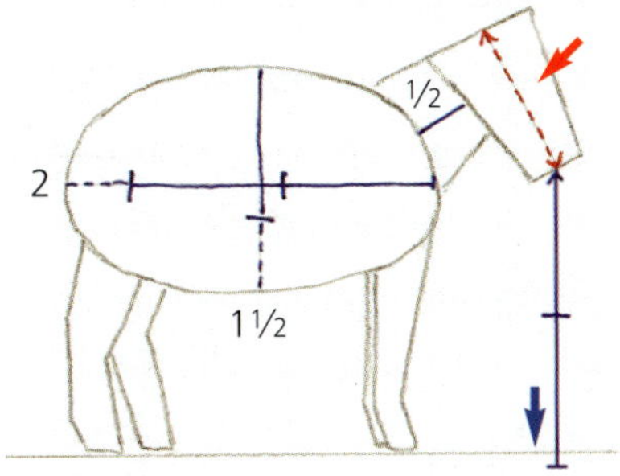

Das war nicht ganz einfach – aber du hast es bestimmt geschafft!

In das Oval für den Körper setzt du jetzt einen großen und einen kleinen Kreis. Sie helfen dir später, die großen Muskeln für die Hinter- und Vorderbeine zu zeichnen.

Hier siehst du, wie innerhalb der rot gestrichelten Hilfslinien das Pferd gezeichnet wird.

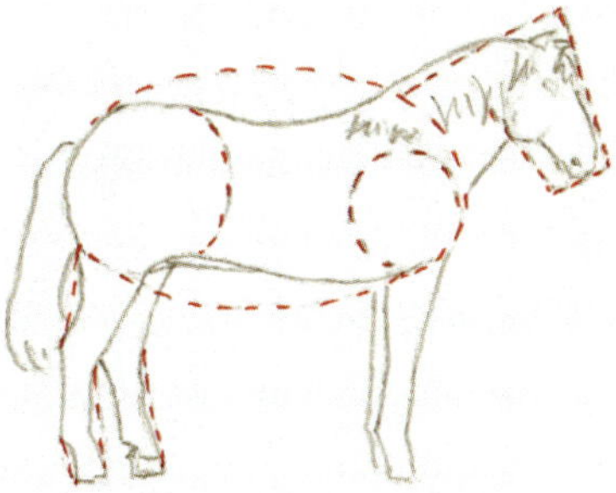

Achte besonders darauf, wo die neuen Linien von den Hilfslinien abweichen und wo sie sie berühren. Nun sind alle Hilfslinien wegradiert...

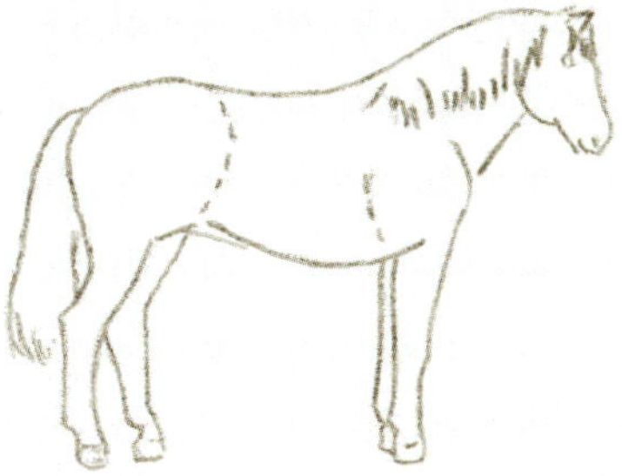

... und du kannst dein Pferd mit Buntstiften ausmalen. Zunächst schraffierst du den Körper mit Gelbbraun. Wenn du an einigen Stellen weißes Papier stehen lässt, bekommst du erste Licht- und Schattenbereiche. Für die Mähne und den Schweif nimmst du Dunkelbraun.

Im letzten Schritt werden die Schatten dunkler gemalt, und zwar mit Rotbraun und Dunkelbraun. Die Augen, Nüstern und Hufe deutest du mit Schwarz an.

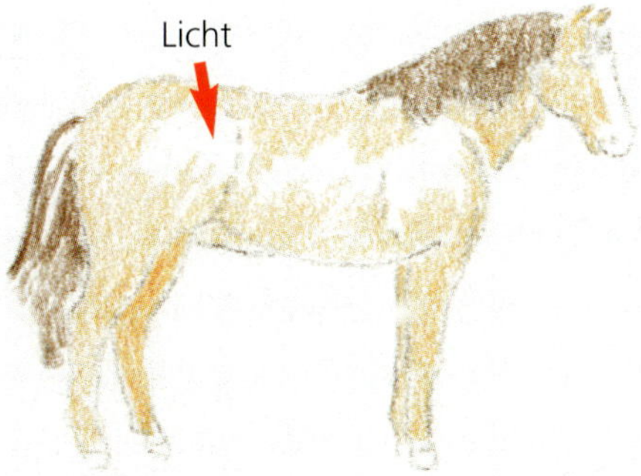

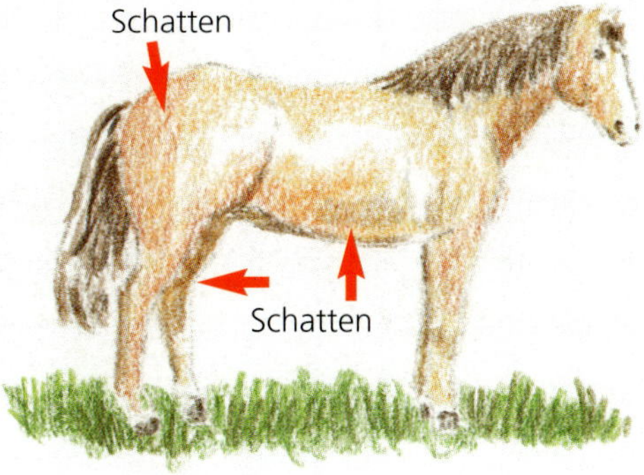

Wir zeichnen ein grasendes Pferd (Bleistift)

Du brauchst folgendes Material:
- Zeichenpapier, 20 x 30 cm
- Bleistifte *H* und *HB*

Obwohl wir auch dieses Pferd von der Seite sehen, unterscheidet es sich doch von dem, das du zuletzt gezeichnet hast: Es hält den Kopf gesenkt, der Hals ist gestreckt und die Vorderbeine stehen auseinander. Allerdings ändert dies nichts an unseren Grundformen, wie du gleich sehen wirst.

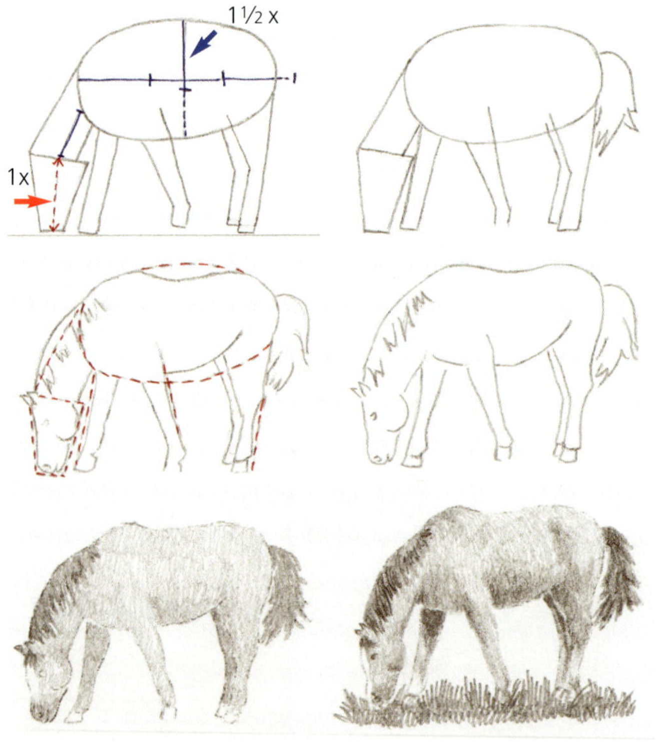

Und jetzt du! Bis auf die Körperlänge habe ich alle Größenverhältnisse an die entsprechenden Linien geschrieben. Finde die Körperlänge selbst heraus und male das Pferd aus den Grundformen!

Wenn alle Größenverhältnisse stimmen, müsste dein Pferd jetzt so aussehen, wie auf dem Bild links oben.
Es geht wieder darum, innerhalb der roten Hilfslinien das Pferd zu zeichnen.
Mit dem Bleistift HB schraffierst du das Pferd gleichmäßig. Bei der Mähne, dem Schweif und den Nüstern drückst du fester auf, damit die Schraffur dunkler wird. Dann arbeitest du die Schatten stärker heraus, so wie du es im Beispiel siehst.

Wir zeichnen ein Pferd von vorn (Bleistift)

Du brauchst folgendes Material:
- Zeichenpapier, 20 x 30 cm
- Bleistifte *H* und *HB*

Erkennst du, was sich bei diesem Pferd verändert hat? Man kann hier jetzt viel weniger vom Körper sehen, und es scheint so, als sei er viel kürzer geworden, weil das Pferd von vorn zu sehen ist.

Also verändert sich auch die Grundform des Körpers. Sie ist fast ein Kreis geworden. Das wirst du auch bei den Abmessungen feststellen, denn der Kopf passt nur etwas mehr als einmal hinein, sowohl in der Länge als auch in der Breite. Der Abstand zwischen Kopf und Boden ist anderthalbmal so groß wie der Kopf.

Diese Schritte kennst du! Und so sieht das Pferd aus, wenn du es zunächst mit dem Bleistift HB schraffierst und im letzten Schritt die Schatten herausarbeitest.

Wir zeichnen ein trabendes Pferd (Buntstifte)

Du brauchst folgendes Material:
- Zeichenpapier, 20 x 30 cm
- Bleistift *H*
- Buntstifte in Gelbbraun, Rotbraun, Dunkelbraun und Schwarz

Hast du immer noch Lust, Pferde zu zeichnen? Dann zeige ich dir zum Schluss ein trabendes Pferd. Wenn du bis jetzt fleißig mitgezeichnet hast, brauche ich dir nicht mehr viel zu erklären. Alles, was wichtig ist, siehst du auf den Bildern.

Die wichtigen Maße findest du auf der Abbildung. Wenn du die Hinterbeine zeichnest, musst du ein bisschen aufpassen. Da das Pferd schräg nach vorne läuft, sind die hinteren Beine höher als die vorderen. Als kleine Hilfe habe ich die blau gestrichelte Linie eingezeichnet.

Und wie es weitergeht, siehst du in der Abbildung.

Wir zeichnen Huhn, Hahn und Küken (Buntstifte)

Was wäre ein Bauernhof ohne den stolzen Hahn und seine Familie?
Hast du Lust zu lernen, wie man Hahn, Huhn und Küken zeichnet? Dann schau genau hin:

Du brauchst folgendes Material:
- Zeichenpapier, 20 x 30 cm
- Bleistift *H*
- Buntstifte in Gelb, Braungelb, Hellrot, Dunkelrot, Grün, Rotbraun, Dunkelbraun, Hellgrau und Schwarz

Zeichne zunächst zwei Ovale für die Körper, zwei halbe Ovale für die Hälse und einen Kreis für den prächtigen Schwanz des Hahns. Ordne die Grundformen für den Hahn und das Huhn auf dem Blatt an.

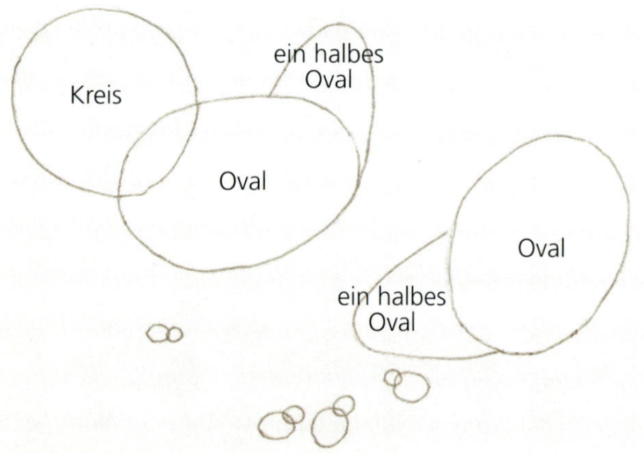

Da die vier Küken sehr klein sind, siehst du ihre Entwicklung hier etwas vergrößert:

Suche in dem großen Bild mit der Vorzeichnung von Hahn und Henne, die Stellen, wo du die kleinen Küken platzieren willst, die oben als Vergrößerung zu sehen sind. Wenn du sie gefunden hast, zeichne sie an der richtigen Stelle in das Hauptbild ein.
Innerhalb und außerhalb der roten Hilfslinien zeichnest du jetzt alle Einzelheiten beim Hahn und bei der Henne ein: Federn, Hahnenkamm, Flügel und auch die großen Kehllappen darfst du nicht vergessen!

Ohne Licht und Schatten herauszuarbeiten, grundierst du zunächst alles wie auf dem Bild. Im Hintergrund ist eine Bretterwand und links auch ein Teil eines Misthaufens zu erkennen, wie auf dem Bauernhof eben.

Zum Schluss habe ich Schatten gemalt und die Federn stärker herausgearbeitet. Wie ich das gemacht habe? Das siehst du hier:

Wir malen den Kopf einer Kuh (Ölkreide)

Du brauchst folgendes Material:
- Tonpapier in Grau, 20 x 30 cm
- Ölkreide in Weiß, Gelb, Rosa, Hellgrau, Dunkelgrau, Rotbraun, Dunkelbraun und Schwarz

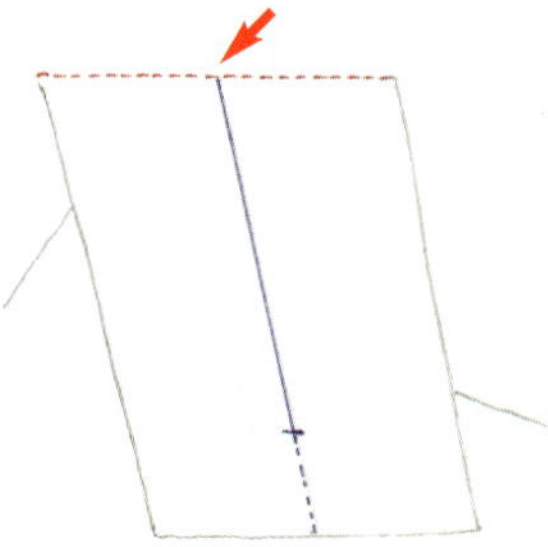

Um die Größe des Kopfes zu finden, beginnst du mit der rot gestrichelten Linie. Damit misst du aus, wie lang der Kopf werden soll. Die Kuh sieht dich nicht direkt an; deshalb verlaufen die Seitenlinien schräg. Also musst du auch die blaue Mittellinie schräg setzen. Etwas mehr als einmal passt die rote Linie da hinein.

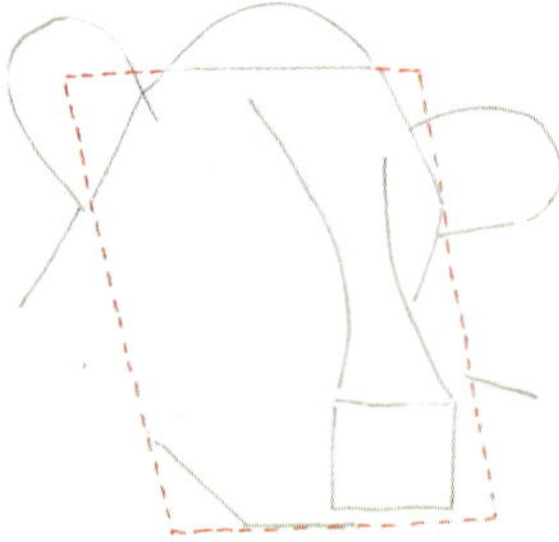

Hier kannst du schon erkennen, dass es eine Kuh werden soll. Es sind noch andere Grundformen hinzugekommen: Ein Quadrat für die Nase und zwei halbe Ovale für die Ohren. Ein Halbkreis bildet den oberen Teil des Kopfes.

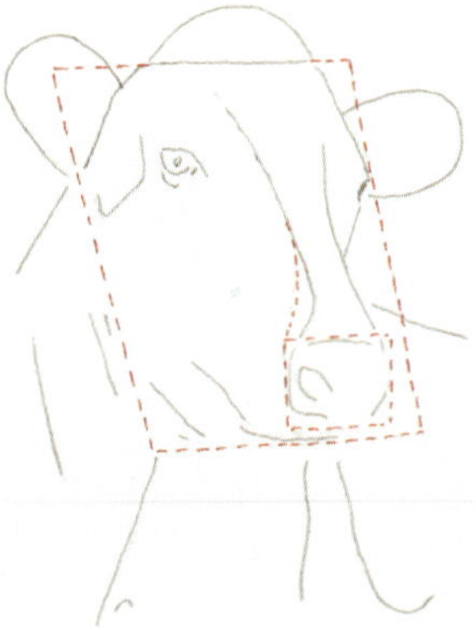

Damit du alle übrigen Linien zeichnen kannst, ist hier die Kopfform angedeutet. Bestimme, wo und wie sich die neuen Linien von den roten Hilfslinien entfernen.

Einige Linien an der Nase und am Kopf rundest du jetzt ab. Setze das Auge ein, das Nasenloch und die Hautfalten am Hals – und schon ist die Vorzeichnung fertig!

Was sagst du zu diesem Bild? Wenn es dir gefällt, dann wünsche ich dir viel Spaß beim Malen dieser Kuh!

WICHTIG! Ich zeige dir die ersten Schritte wieder auf hellem Papier – du aber benutzt graues Tonpapier und weiße Kreide für die Vorzeichnung.

Jetzt brauchst du Weiß und dann Rotbraun – für die Nase und das Innere der Ohren etwas Rosa. Augen und Nasenlöcher sind schwarz.

Dann nimmst du Dunkelbraun für die Schatten, und Gelb trägst du auf dem Rest der Haut auf, indem du kräftig über das Rotbraun malst.

Die letzten Arbeitsschritte kannst du auf diesem Bild sehen. Die Schatten werden mit Schwarz vertieft und die helleren Teile des Fells mit Weiß aufgehellt. Wo Licht und Schatten scharf aufeinander treffen, verwischst du sie mit Weiß und Hellgrau. Das machst du jetzt auch dort, wo Nasenrücken und Nase zusammentreffen.

Wir malen Schafe (Pastellkreide)

Auf diesem Bild siehst du drei kleine Schäfchen auf der Weide.

Du brauchst folgendes Material:
- Tonpapier in Grau
- Pastellkreide in Weiß, Goldgelb, Hellgrau, Rosa, Rotbraun hell, Blau, Dunkelgrün, Dunkelbraun und Schwarz

WICHTIG! Ich zeige dir die Vorzeichnung wieder auf Papier und mit Bleistift, du aber benutzt graues Tonpapier und weiße Kreide!

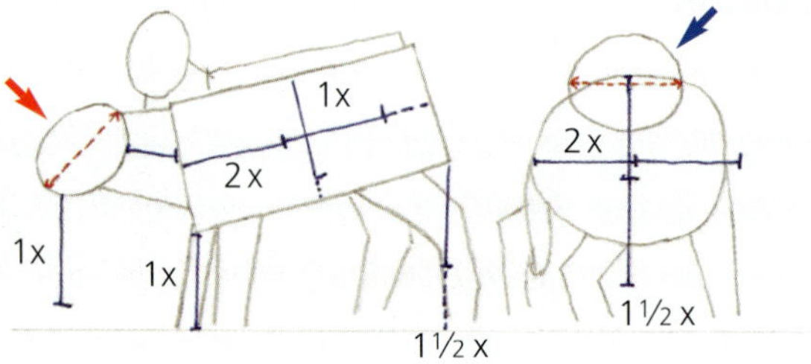

Beginne deine Vorzeichnung mit dem Kopf des linken vorderen Schäfchens. Er ist genauso groß wie der Kopf des rechten Schäfchens (blauer Pfeil). Die Maße siehst du auf dem Bild. Zum Schluss zeichnest du die Grundformen für das dritte Schäfchen.

So müsste dein Bild jetzt aussehen.

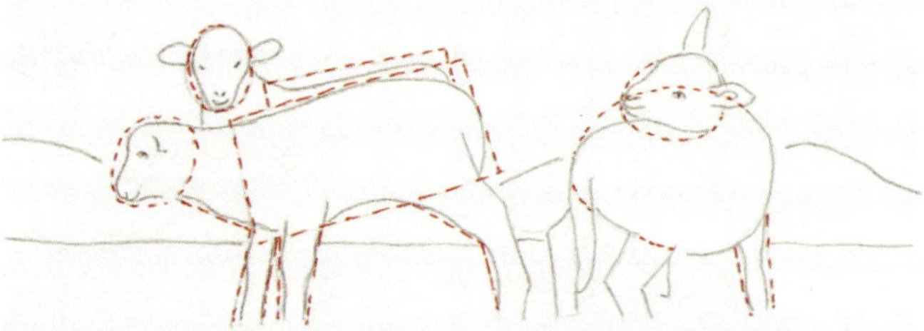

… und so, wenn du innerhalb der Hilfslinien die richtigen Kopf- und Körperformen gezeichnet hast.

Hier ist die Vorzeichnung noch einmal – auf grauem Tonpapier, mit Bergen im Hintergrund.

In fünf Schritten entsteht jetzt ein Pastellkreidebild:

Zunächst färbst du den Himmel mit Blau und die Berge mit Dunkelgrün. Diese Farbflächen verwischst du mit dem Zeigefinger. Dunkelgrün brauchst du auch für die Wiese im Vordergrund. Sie wird jedoch mit kurzen Strichen gemalt und nicht verwischt!

Hier tönst du den Himmel mit Weiß und die Berge mit Hellgrau. Diese Farbflächen werden wieder verwischt.

In diesem Bild benutzt du Dunkelbraun, Rotbraun und Goldgelb, um die dunkleren Teile der Schäfchen festzulegen. Die Wiese überstrichelst du noch einmal mit Goldgelb.

Die Schäfchen bekommen jetzt ihr Fell. Dafür nimmst du Weiß. Die Farbe wird nicht flächig aufgetragen, sondern gestrichelt und gekräuselt, so wie Schäfchenwolle eben wächst. Mit Weiß strichelst du dann noch etwas Licht in die Wiese. Damit die einzelnen Grashalme sichtbar bleiben, darfst du die Farben jetzt nicht vermischen!

Im letzten Schritt entstehen die Gesichter: für die Augen brauchst du Schwarz und für die Nasen und Ohren Rosa und Weiß.

Im Zoo

In diesem Kapitel machen wir einen Besuch im Zoo. Unser Weg führt uns vorbei an den Eisbären und Pinguinen. Im Elefantenhaus bleiben wir ein bisschen länger, bevor wir uns die Kamele ansehen und dann noch einen Abstecher zu den Giraffen machen. Kommst du mit?

Wir malen Pinguine (Pastellkreide)

Wie gefällt dir diese Pinguinfamilie? Du wirst staunen, denn sie ist leichter zu malen, als du denkst!

__Wichtig!__ Du benutzt von Anfang an das blaue Tonpapier. Ich zeige dir die ersten Schritte wieder auf hellem Papier.

Du brauchst folgendes Material:

- Tonpapier in Dunkelblau, 20 x 30 cm
- Pastellkreiden in Weiß, Hellgelb, Hellrot, Blaugrau, Dunkelgrau und Schwarz

Die drei Grundformen sind recht einfach: Drei unterschiedlich große Rechtecke, in die du die gebogenen Linien der Pinguine zeichnest, wie du es auf dem Bild siehst. Erinnern dich die beiden großen Formen nicht auch ein wenig an Spazierstöcke?

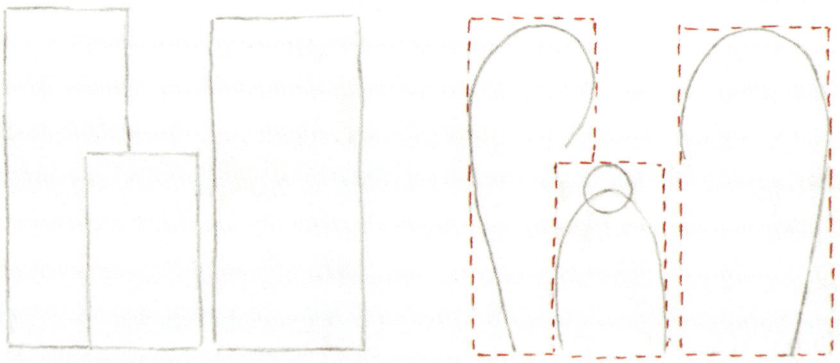

Im dritten und vierten Schritt entstehen die Schnäbel, die Flügel und die Füße werden angedeutet.

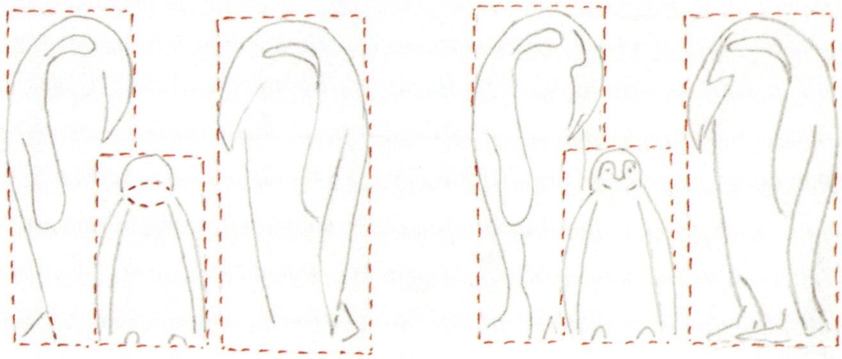

Hier siehst du die Vorzeichnung ohne Hilfslinien auf blauem Tonpapier.

Zunächst färbst du die Pinguine mit Schwarz und Weiß, die Flügel des Kleinen mit Blaugrau und verwischst die Farben vorsichtig mit den Fingern. Vergleiche die beiden großen Pinguine: Die Farben des links stehenden (Pfeil) sind verwischt, die des Rechten noch nicht.

Mit Dunkelgrau und Blaugrau sind Schatten entstanden; das Pinguinbaby hat mit Weiß eine hellere Tönung bekommen, ebenso der obere Teil des Himmels. Die Farben wurden vorsichtig mit dem Finger verwischt.

In diesem Schritt beschäftigst du dich mit dem Hintergrund. Dunkelgrau, Blaugrau und Weiß sind die Farben, die du hier brauchst.

Wir malen einen Eisbären (Pastellkreide)

Wenn dir das Bild mit den Pinguinen Spaß gemacht hat, möchtest du sicher noch ein Bild mit Pastellkreide malen. Wie wäre es mit einem Eisbären?

Du brauchst folgendes Material:

- Tonpapier in Schwarz, 20 x 30 cm
- Pastellkreide in Weiß, Grau, Dunkelgelb, Blaugrau und Dunkelbraun

Beginne deine Zeichnung mit dem Kreis für den Kopf. Er ist ziemlich klein im Vergleich zu dem großen, massigen Körper, dessen Grundform ein Rechteck ist. Miss mit dem Kopf die Größenverhältnisse der Körperteile ab. Alle Abmessungen findest du aber auch auf dem Bild.

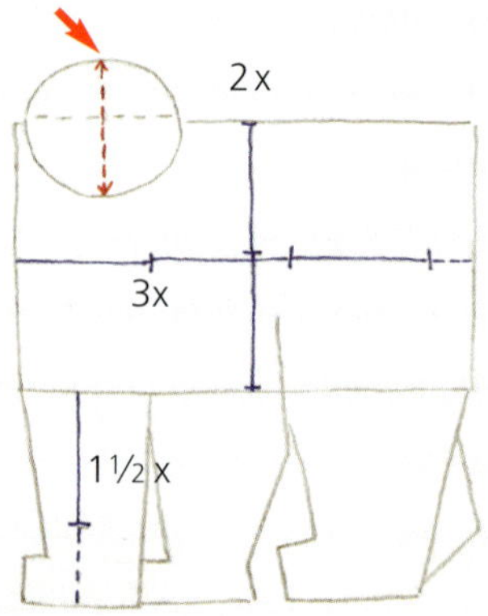

Die waagerechte Linie, auf die der Pfeil zeigt, hilft dir, die Höhe der Augen zu finden.

Wenn du richtig gemessen hast, sieht deine Vorzeichnung jetzt so aus – und man kann schon ahnen, was daraus werden wird.

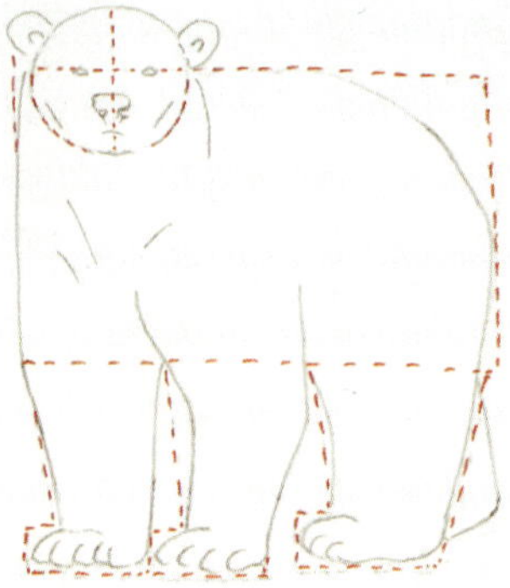

Nun sollte es dir nicht mehr schwer fallen, den Eisbären innerhalb der Hilfslinien zu zeichnen.

WICHTIG! Obwohl ich dir die ersten Schritte der Vorzeichnung auf Zeichenpapier zeige, nimmst du für deine Vorzeichnung schwarzes Tonpapier und weiße Kreide!

Hier siehst du den Eisbären noch einmal, jetzt auf schwarzem Tonpapier mit weißer Kreide gezeichnet, nachdem die Hilfslinien entfernt wurden.

Hast du etwa gedacht, ein Eisbär ist einfach nur weiß? Er hat aber mehr Farben, als man denkt! Das siehst du auf diesem Bild.
Trage Dunkelgelb und Grau auf, so wie du es auf dem Bild siehst. Beachte die Strichrichtung! Sie richtet sich danach, wie das Fell gewachsen ist.

Im nächsten Schritt übermalst du die erste Farbschicht mit Weiß. Auch hier musst du wieder die Strichrichtung beachten! Lass schwarzes Tonpapier zwischen den Strichen stehen, dann brauchst du die Schatten zwischen den Haaren nicht mehr herauszuarbeiten. Auch die Augen und die Nase bleiben schwarz. Die Farbe des Papiers kann dir so beim Malen helfen.

Im letzten Schritt malst du die Füße mit Dunkelbraun, Grau und Weiß. Den Hintergrund habe ich mit Blaugrau und Weiß nur angedeutet. Vielleicht fällt dir noch etwas ein, wie man den Hintergrund anders malen kann. Zum Beispiel ein bläulich schimmernder Eisberg?

Wir zeichnen und malen Elefanten

Wie versprochen, gehen wir jetzt ins Elefantenhaus, und dort bleiben wir ein bisschen länger. Zunächst zeichnen wir mit dem Bleistift.

Wir zeichnen einen Elefanten von der Seite (Bleistift)

Du brauchst folgendes Material:
- Zeichenpapier, 20 x 30 cm
- Bleistifte *H* und *HB*

Wie gefällt dir dieses Bild? Es macht Spaß, die faltige Haut des Elefanten mit dem Bleistift herauszuarbeiten. Aber bevor wir damit anfangen können, müssen wir uns Gedanken machen, aus welchen Grundformen sich der Elefant aufbauen lässt.

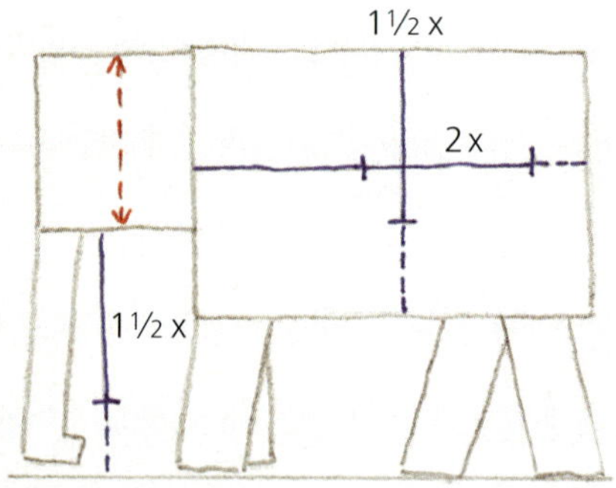

Zeichne ein Viereck für den Kopf. Erst danach beginnst du mit der Grundform des Körpers. Zum Schluss setzt du den Rüssel und die Beine an.

Und so sieht dein Elefant aus, wenn du die Vorzeichnung richtig gemacht hast.

Nun ist es nicht mehr schwer, innerhalb der Hilfslinien den Elefanten zu zeichnen.

Hier siehst du den Elefanten ohne Hilfslinien.

Mit dem Bleistift HB schraffierst du den Elefanten. Nur in der Mitte des Ohres bleibt weißes Papier stehen, denn dort ist viel Licht.

Im letzten Bild habe ich die Schatten stärker herausgemalt. Die dicken Falten entstehen, indem du mit dem Bleistift dunkle Linien ziehst.

Wir zeichnen einen Elefanten von vorn (Bleistift)

Hast du Lust auf einen zweiten Elefanten? Dieses Mal sehen wir ihn jedoch von vorn. Dadurch ändert sich bei den Grundformen vieles. Sieh selbst:

Das kannst du jetzt auch ohne meine Erklärungen!

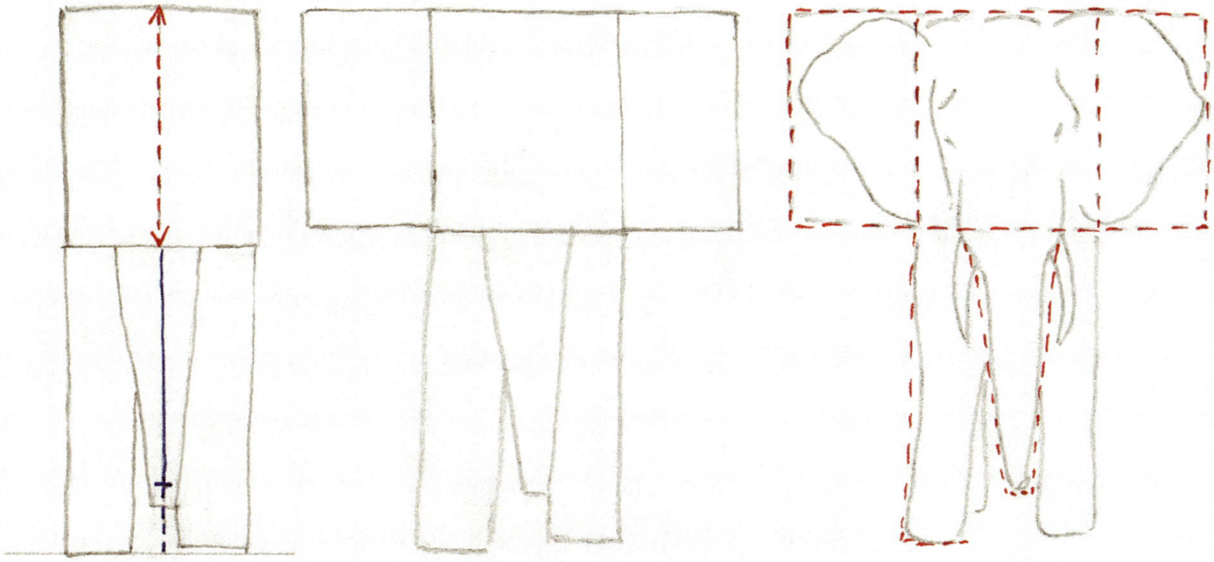

Wir malen zwei Elefanten (Ölkreide)

Mir gefällt es bei den Elefanten. Deshalb male ich noch ein Bild. Jetzt aber suche ich mir nebeneinander stehende Tiere aus, die ich dieses Mal aber mit Ölkreide male.

WICHTIG! Ich zeige dir die ersten beiden Schritte der Vorzeichnung wieder auf hellem Papier. Du aber zeichnest mit dunkelgrauer oder schwarzer Ölkreide auf das hellgraue Tonpapier.

Du brauchst folgendes Material:

- Tonpapier in Hellgrau, 20 x 30 cm
- Ölkreide in Weiß, Hellgrau, Dunkelgrau, Dunkelgelb und Schwarz

Du fängst mit dem Kopf des linken Elefanten an. Da die beiden Tiere auch in der Größe zueinander passen müssen, ist der Kopf des linken Elefanten das Maß für beide. Sieh selbst:

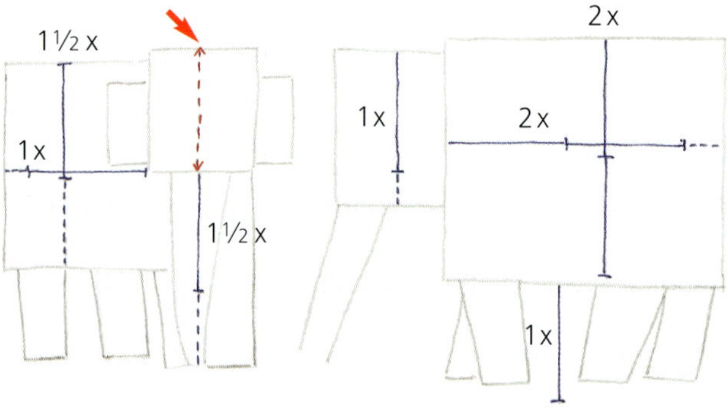

Auf diesem Bild kannst du gut erkennen, wie innerhalb der Hilfslinien die beiden Elefanten gezeichnet werden.

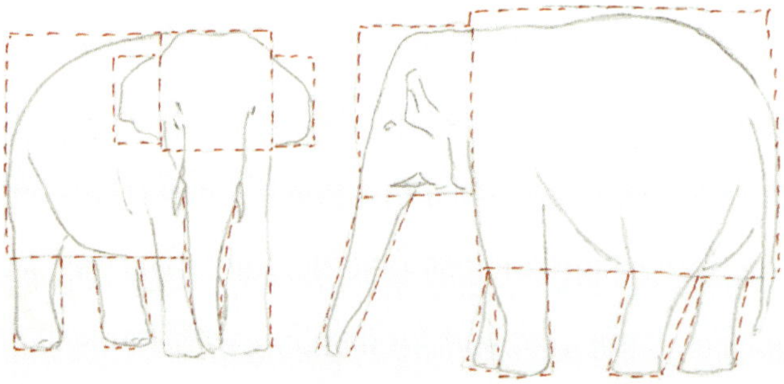

Wenn deine Vorzeichnung jetzt so aussieht, hast du alles richtig gemacht!

Hier siehst du die Vorzeichnung der Elefanten auf dem grauen Tonpapier.

Im zweiten Bild habe ich Dunkelgelb für die Haut und Schwarz für die Schatten benutzt.

Die schwarzen Farbflächen übermalst du mit Dunkelgrau, die gelben mit Hellgrau. Durch das Übermalen mischen sich die Farben, und die Licht- und Schattenbereiche werden miteinander verbunden.

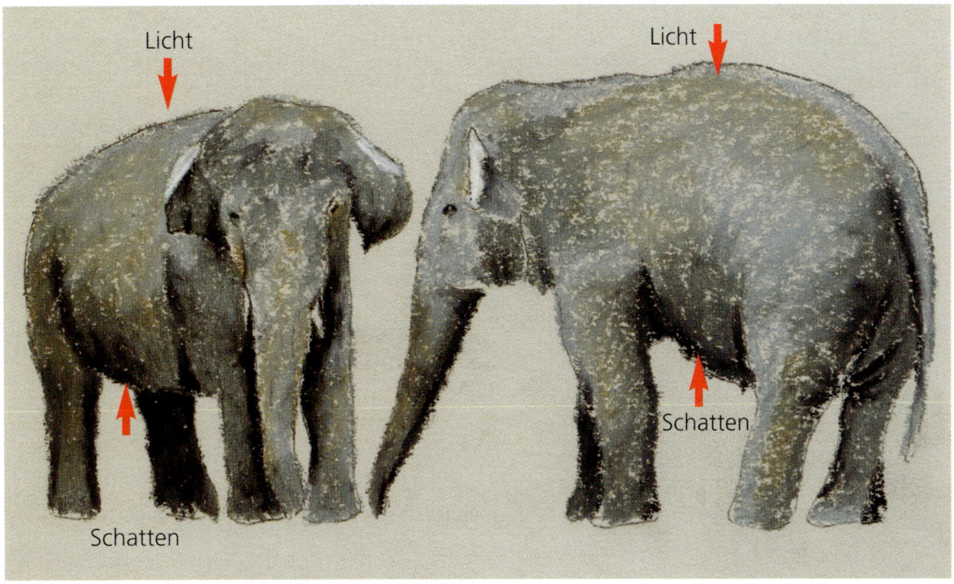

Die Falten sind wichtig, deshalb überarbeitest du sie noch einmal mit Schwarz und Weiß. Wenn du dir noch etwas für den Hintergrund einfallen lässt, ist das Bild fertig. Ich habe einen ganz einfachen Untergrund gewählt.

Wir zeichnen und malen Kamele

Wir zeichnen einen Kamelkopf (Bleistift)

Wir haben schon eine ganze Weile keinen Tierkopf mehr gezeichnet. Was hältst du von einem Kamel? Ich fand diesen Kopf mit der dicken Unterlippe so lustig – ich konnte nicht anders und habe ihn mit Bleistift gezeichnet. Vielleicht gefällt er dir ja auch und du zeichnest ihn mit mir!

Du brauchst folgendes Material:
- Zeichenpapier, 20 x 30 cm
- Bleistifte *H*, *HB* und *2B*

Ein Rechteck, doppelt so lang wie breit, ist die Grundform für den Kopf. Da hinein zeichnen wir die ersten eckigen Linien für die spätere Kopfform.
Diese Schritte kennst du inzwischen. Sieh genau hin, dann dürftest du keine Probleme haben, das Auge, die Nase und die großen Lippen zu zeichnen.
Mit dem Bleistift HB schraffierst du zuerst den Kopf, bevor du im letzten Schritt die Schatten herausarbeitest und mit dem Bleistift 2B die dunkelsten Stellen tönst.

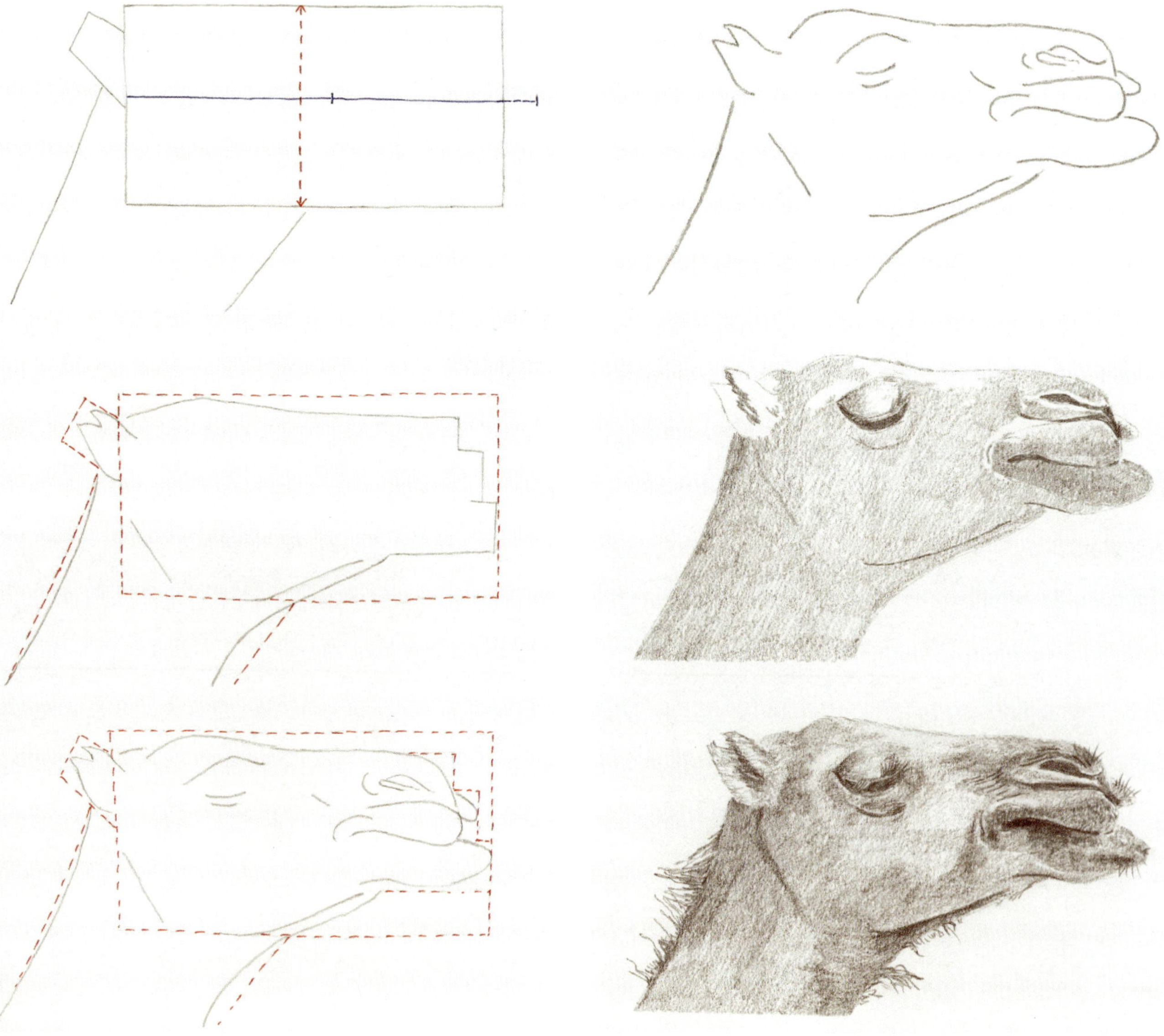

Wir malen ein ganzes Kamel (Buntstifte)

Ich habe noch ein Kamel für dich – nun aber diesmal ein ganzes! Wir zeichnen es mit Buntstiften!
Obwohl er sehr klein ist, beginnen wir auch hier wieder mit dem Rechteck für den Kopf. Es ist zweimal so lang wie hoch. Auf der selben Höhe entsteht die Grundform für den Körper. Die beiden Formen werden mit zwei schrägen Linien (Hals) verbunden. Die Länge der Beine ergibt sich aus den Abmessungen.

Du brauchst folgendes Material:
- Zeichenpapier, 20 x 30 cm
- Bleistift *H*
- Buntstifte in Hellbraun, Dunkelbraun und Schwarz

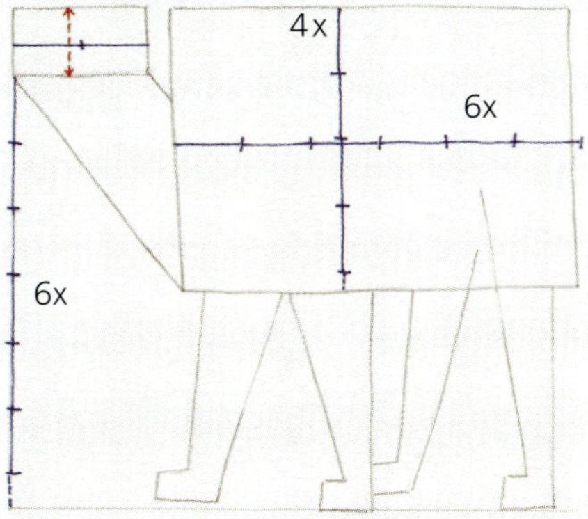

Mit Hellbraun wird das Kamel zunächst schraffiert, bevor du mit Dunkelbraun und Schwarz die Schatten betonst.

Nun machst du alleine weiter, denn wie du das Kamel innerhalb und außerhalb der Hilfslinien zeichnen musst, kannst du gut auf den beiden Bildbeispielen erkennen.

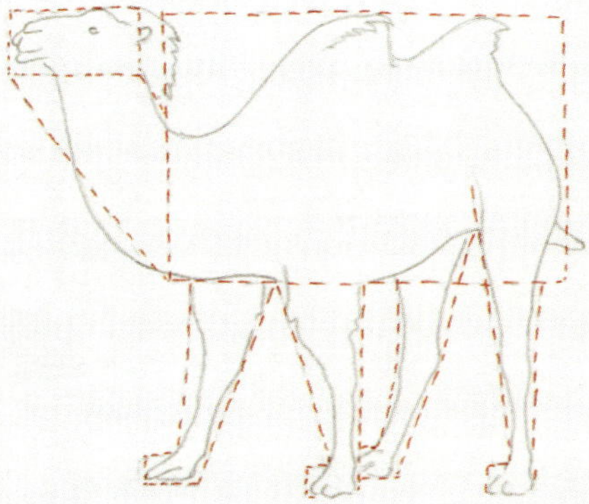

Wir zeichnen und malen Giraffen (Aquarellstifte)

Unser letztes Motiv soll eine besondere Herausforderung für dich sein. Wenn du bis jetzt fleißig mitgezeichnet und gemalt hast, dürfte es dir nicht schwer fallen, die richtigen Abmessungen zu finden, denn hier zeige ich dir nur die Grundformen.

Du brauchst folgendes Material:
- Aquarellpapier, 20 x 30 cm
- Pinsel Nr. 4
- Aquarellstifte in Dunkelgelb, Hellgrau, Rostrot, Dunkelrot, Dunkelbraun, Hellblau, Olivgrün und Dunkelgrün

Die einzige Hilfe, die ich dir gebe: Beginne wie immer mit dem Kopf.

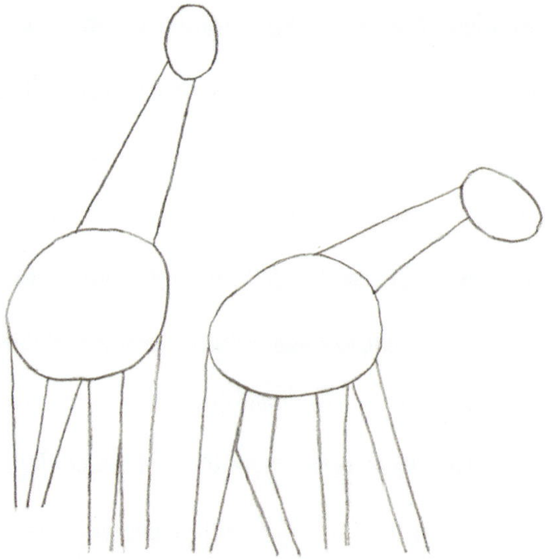

Im zweiten Schritt siehst du schon die endgültige Form der Giraffen, wie sie innerhalb der roten Hilfslinien gezeichnet werden.

Hier haben die beiden Giraffen die typischen Giraffenflecken bekommen.

Für die Flecken benutzt du Rostrot. Beachte die weißen Zwischenräume zwischen den Flecken. Mit Dunkelbraun zeichnest du die Mundpartie und die Augen.

In den Schattenbereichen (Bauch, Beine, Hals) tönst du die Flecken noch einmal mit Dunkelbraun ab; die anderen übermalst du mit Dunkelgelb und Rotbraun.
Wie ich den Hintergrund gemalt habe, siehst du.
Du kannst dir natürlich auch einen anderen Hintergrund ausdenken.

Im letzten Schritt löst du die Farben mit Wasser an – und dann ist dein Bild fertig!

So, nun hast du gelernt,
wie man Tiere zeichnet und malt!
Du siehst, es ist gar nicht so schwer, wenn man nur weiß,
worauf man achten muss. Aber es gibt ja noch sooooo viele
andere Tiere auf der Welt, die du alle malen kannst.
Jetzt muss ich mich aber verabschieden.
Mach`s gut bis zur nächsten kreativen Kindermalschule.
Viel Spaß – und noch schön üben bis dahin!

Dein kleiner Hamster